C.H.BECK  WISSEN

in der Beck'schen Reihe

W0230945

Brandenburg ist mehr als das Gebiet von Fontanes Wanderungen. Über die Jahrhunderte bildete sich hier in spannungsreichen Auseinandersetzungen mit Berlin und Preußen ein spezifisches Regionalbewußtsein aus. Anschaulich und kenntnisreich schildert Peter-Michael Hahn die Entwicklung des Landes von der frühzeitlichen Besiedlung bis zum modernen Kultur- und Wirtschaftsraum. Dabei entsteht das Porträt einer überraschend reichhaltigen Kulturlandschaft, die es neu zu entdecken gilt.

*Peter-Michael Hahn,* geb. 1951, ist Professor für Landesgeschichte an der Universität Potsdam mit dem Schwerpunkt Brandenburg-Preußen.

Peter-Michael Hahn

# GESCHICHTE BRANDENBURGS

Verlag C. H. Beck

Mit 2 Karten
(gefertigt von Peter Palm, Berlin)

Originalausgabe
© Verlag C. H. Beck oHG, München 2009
Gesamtherstellung: Druckerei C. H. Beck, Nördlingen
Umschlagentwurf: Uwe Göbel, München
Printed in Germany
ISBN 978 3 406 58350 6

*www.beck.de*

# Inhalt

1. Einführung                                                    7

2. Frühzeit und Landnahme (bis ca. 1300)                        11

3. Territorialstaatsbildung und lokale Herrschaft
   (1300–1648)                                                  23

4. Ländliche Gesellschaft und Residenzlandschaft
   im Zeitalter des Absolutismus (1648–1806/15)                55

5. Preußische Provinz und Agrarkapitalismus
   (1815–1945)                                                  77

6. Sozialer Umbau und bezirkliche Neuorganisation
   (1945–1990)                                                  99

7. Neugründung des Landes Brandenburg.                         118
   Ein Ausblick

   Literaturhinweise                                           124
   Register                                                    125
   Karten                                                      127

# I. Einführung

Mit Brandenburg verbinden sich unterschiedliche Assoziationen. Zumeist dürfte heute vor unserem geistigen Auge das Bild einer naturnahen Landschaft ohne besonders auffällige Eigenschaften aufscheinen. Viele werden sich auch an die kunstvollen Beschreibungen in Theodor Fontanes «Wanderungen durch die Mark Brandenburg» erinnert fühlen. Die Zahl derer, die mit Brandenburg die Herrschaft der Hohenzollern und ihre Staatsbildung verbinden, dürfte dagegen im Rückgang begriffen sein.

Denn die Geschichtsbilder des 19. Jahrhunderts besitzen heute kaum noch ihre einstige prägende Wirkung. Daß sich seit 1989 verstärkt Personen unterschiedlicher Couleur lautstark mit der Botschaft zu Wort melden, Deutschland sei wieder preußischer geworden, hat darauf keinen sonderlichen Einfluß. In diesem Zusammenhang wird nämlich selten zwischen Brandenburg und Preußen als historischen Gebilden unterschieden. Mit der historischen und gegenwärtigen Wirklichkeit des Landes Brandenburg haben diese Äußerungen nur wenig zu tun. Denn es handelt sich bei den Heraufbeschwörungen des preußischen Erbes überwiegend um Chiffren historischer Sinnstiftung, mit denen im Kern für einen staatlichen Zentralismus, eine verstärkte Hauptstadtbildung und deren nationale Führungsrolle oder eine grundsätzliche politische Neuausrichtung für Deutschland plädiert wird.

Ein solcher Ansatz verbietet sich als Maßstab für die Geschichte eines Landes Brandenburg, welches nicht als eine Art Mini-Preußen gedacht wird. Provinzialität und agrarische Grundprägung des Landes verlangen andere Prioritäten bei der Aufbereitung des Vergangenen. Der bis in die Gegenwart idealisierte Gesamtstaat Preußen – auch wenn er uns im Augenblick mit stark berlinerischem Akzent als Kulturstaat verkauft wird –

verliert in der brandenburgischen Fläche massiv an Gemein-
schaft stiftender Leuchtkraft.

Ein teilweise noch tief verankerter Wunsch der Menschen
nach Heimat und lokaler Vertrautheit führt uns zudem bei einer
Gesamtschau zu anderen Wurzeln historischer Identität. Sie
zeichnen sich insbesondere durch Anschaulichkeit und die Fä-
higkeit zu einem Nacherleben vor Ort aus. In einer Welt fort-
schreitender Veränderungen und Globalisierungsprozesse, die
häufig als bedrohlich empfunden werden, ist der Ruf nach einer
regionalen Verortung des Menschen lauter denn je zu verneh-
men. Praktische Politik verlangt im Empfinden vieler nach einem vertrauten Rahmen, um nachvollziehbar zu bleiben.

Außerdem bereitet es etlichen Bewohnern der Bundesrepu-
blik trotz einer nicht enden wollenden Flut geschichtspädago-
gisch angelegter Werke nach wie vor Probleme, sich in dem ge-
samtdeutschen Haus einzurichten. In dieser Situation scheint
das Regionale einen überschaubaren und behaglichen Zu-
fluchtsort zu bieten. Räumliche Kenntnis und Sichtbarkeit der
Vergangenheit verbinden sich hier im Bewußtsein vieler Menschen. Die Ursachen können in ihrer Gewichtung natürlich sehr
verschieden sein. Dennoch müssen sie vom Historiker ernst genommen werden.

Die kulturellen, sozialen und wirtschaftlichen Verhältnisse
haben in unserem historischen Verständnis neben den politisch-
administrativen Handlungen erheblich an Bedeutung hinzugewonnen. Es reicht heute nicht mehr aus, auf staatsrechtlich fixierte Grenzen oder administrative Handlungszusammenhänge
zu verweisen. Damit kann man heutzutage keinen Kultur- und
Wirtschaftsraum mehr ausreichend charakterisieren.

Gewiß lag in der Zeit der Hohenzollernherrschaft deren höfischer Schwerpunkt in Brandenburg. Aber die in der Mittelmark
gelegene Residenzlandschaft bot nur einen bevorzugten Raum
für die Entfaltung ihres fürstlichen Lebensstils. Ihre politischen
Ziele verbanden sich in der Neuzeit immer weniger mit den unmittelbaren Belangen ihres Kerngebietes. Es gab für sie, fernab
brandenburgischer Grenzen, zahlreiche andere geopolitische
und dynastische Interessen zu berücksichtigen. Diese sind na-

türlich kein konstitutiver Teil brandenburgischer Vergangenheit.

Die preußische Geschichte weist also in ihren politischen, sozialen und kulturellen Bezügen weit über die brandenburgische hinaus. Zugleich umfaßt letztere eine Vielzahl von prägenden Elementen, die im Kontext Preußens ohne größeren Belang waren und sind. Dies verleiht dem Fluß der brandenburgischen Geschichte im Vergleich mit dem der preußischen einen wesentlich ruhigeren Lauf.

Unsere Vorstellung brandenburgischer Geschichte ist lange durch das historische Selbstverständnis des späten 19. Jahrhunderts geprägt gewesen, in dem die preußisch-deutsche Reichsgründung von 1871 als Ziel der deutschen Geschichte galt. Von borussischen und nationalen Aufwallungen getragen, dominierte hier ein Geschichtsbild, in dem für gegenläufige Entwicklungen und die sperrige Andersartigkeit der Vergangenheit kein Platz war. Nur der Aufstieg der Hohenzollern und die Erfüllung ihrer «deutschen Mission» waren von Interesse. Auch die brandenburgische Geschichte erschöpfte sich so in den Haupt- und Staatsaktionen der preußischen Kurfürsten und Könige.

Davon wird man sich zu lösen haben, auch wenn einzelne Historiker noch heute politisch sinnstiftende Verwaltungs- und Staatsgeschichte in traditioneller Perspektive verfassen. Denn für die Staatsbildung und die Formierung regionaler Identitäten waren keineswegs nur die Fürsten und Könige von Bedeutung. Die mediävistische Forschung unserer Tage hat den positiven Beitrag der Lokalgewalten bei der Formierung territorialer Herrschaftsverbände hervorgehoben. Das Zeitalter des Absolutismus hat in unserer Wahrnehmung viel von seiner einst gelobten staatsbildenden Funktion verloren.

In unserem Rückblick auf Brandenburg werden sich die Akzente daher verschieben. Welches waren die Kräfte, die an der Formierung des Landes auf den verschiedenen lokalen und regionalen Ebenen beteiligt waren, und wie wichtig war dieser Prozeß für die darin nicht eingebundenen Bewohner? Wo wirkte dieser Vorgang in den Alltag hinein und blieb nicht eine ferne politische Wirklichkeit? Die Betrachtung dieser Zusammenhänge verweist im historischen Rückblick auf regionale Unverwechselbarkeit und damit auf die Grundlagen territorialer Identität.

Länder sind zumeist Ausdruck eines politischen Willens, den man in der Vergangenheit jedoch allzu oft allein mit dem der herrschenden Dynastie oder des bürokratischen Apparats gleichsetzte. Für die Bewohner eines Gebietes bedurfte es vielfältiger Anknüpfungspunkte im alltäglichen Leben, um sich als Glieder eines bestimmten Territoriums zu empfinden. Rathäuser, Uniformen und Denkmäler aller Art sind dafür beredte Beispiele. Als sichtbare Zeichen verdeutlichten sie jedermann die Realität des Landes.

Eine regionale Identität läßt sich nicht allein von einer politischen Zentrale aus erschaffen. Sie muß erst wachsen, um ihre Wirkung flächendeckend zu entfalten. Auch wird man davon ausgehen müssen, daß im Lauf der Zeit verschiedene Gebiete und Territorien, aber auch verschiedene soziale Gruppen ein unterschiedlich starkes Landes- und Gemeinschaftsbewußtsein entwickelten. Letztlich hing dies davon ab, inwieweit sich in ihren jeweiligen Lebenswelten die dafür erforderlichen Kristallisationspunkte herausbildeten.

Eingenommen von den Ereignissen der jüngeren Geschichte übersieht man allzu schnell, daß die Geschicke und die Struktur eines Landes auch in der Gegenwart durch zahllose Bande mit einer scheinbar fernen Vergangenheit beinahe unsichtbar verknüpft sind. Nicht nur das Siedlungsbild, die Städtelandschaft, das Wege- und Wassernetz verweisen auf ältere Ursprünge, selbst Gewerbelandschaften bergen oftmals noch alte Kerne in sich. Diese Verbindungen – oder auch ihr Fehlen – muß man sich heutzutage jedoch erst vergegenwärtigen.

Außerdem gilt es grundsätzlich zu bedenken, daß in einem gemeinsamen europäischen Haus der Erinnerungen die vornationalstaatlichen Ursprünge der einzelnen Räume künftig an Bedeutung hinzugewinnen werden. Epochen wie die des höfischen Absolutismus, der Aufklärung oder des Klassizismus zeichnen sich dadurch aus, daß über heutige staatliche Grenzen hinweg kulturelle Gemeinsamkeiten in ihnen zu entdecken sind und sie sich als ein gemeinsames Erbe begreifen lassen. Nationale Unterschiede wurden damals nämlich nicht in dem Maße als trennend und identitätsstiftend wahrgenommen, wie es seit dem 19. Jahrhundert üblich wurde.

## 2. Frühzeit und Landnahme (bis ca. 1300)

Sehr viel stärker als es dem modernen Menschen oft bewußt ist, hat in älterer Zeit der Naturraum Einfluß auf die historische Entwicklung eines Gebietes genommen. Die erdgeschichtlichen Grundlagen dazu wurden im heutigen Brandenburg vor allem in der Weichselzeit (vor ca. 18 000 Jahren) gelegt. Aus Skandinavien stammende Eismassen formten überwiegend die Oberfläche des Landes. Auf sie gehen sowohl die Moränen, sanfte Hügel aus Geröll und Erdmassen, als auch die weiten Urstromtäler zurück.

Diese breiten, von Ost nach West verlaufenden Täler haben das Land und seine Entwicklung nachhaltig geprägt. Dort sollte der Mensch auf die Flußläufe von Elbe, Havel und Spree stoßen, ferner erhielten sich dort ausgedehnte Feuchtgebiete. Diese begrenzten lange Zeit den freien Bewegungsraum der Bewohner und gaben damit der Landnahme eine feste Richtung. Andererseits boten sie ihnen später die Gelegenheit, ohne allzu großen technischen Aufwand ein Netz von Kanälen und Wasserstraßen anzulegen.

Wesentlich früher, in der Saale-Zeit (vor ca. 100 000 Jahren), waren im Süden des heutigen Brandenburg bereits die bis um 200 Meter ansteigenden, dicht bewaldeten Höhenzüge des Hohen und Niederen Fläming entstanden. Diese Hügelkette liegt wie ein breiter Keil zwischen Elbe und Spree. Allerdings zeichnete sich das spätere Brandenburg nie durch «natürliche Grenzen» aus, welche der politischen Expansion seiner Bewohner ein quasi durch den Naturraum vorgegebenes Maß und Ziel gesetzt hätten.

Entlang der Wasserläufe, am Rande tiefer, fast undurchdringlicher Waldgebiete vollzog sich im 7. Jahrhundert unserer Zeitrechnung eine erste dichtere, wenn auch noch sporadische Besiedlung des Raumes durch slawische Völkerschaften. Sie lebten überwiegend in kleineren Stammesverbänden. Die bekanntesten unter ihnen waren die Lutizen sowie die im Süden von diesen lebenden Sorben. Gemeinsam war ihnen, daß sie über kein gemeinsames monarchisches Oberhaupt verfügten; vielmehr handelte es sich bei ihnen um Stämme mit einer aristokratischen Führungsschicht.

Kleinsiedlungen und größere Burganlagen aus Holz und Erde, deren Reste von Archäologen bis in die Gegenwart hinein immer wieder aufgefunden wurden, zeugen auf anschauliche Weise von ihrer Existenz. Sehr lückenhaft ist unsere Kenntnis der Verkehrswege. Aber es besteht kein Zweifel, daß der gesamte Raum bereits in früher Zeit durch einige von West nach Ost verlaufende Straßenzüge erschlossen war. An ihnen sollten sich auch spätere Eroberer noch orientieren. Über die Frühgeschichte beziehen wir unser Wissen fast ausschließlich über Bodenfunde. Diese lassen jedoch eine Vielzahl von Rückschlüssen auf Lebensstil, soziale Ordnung und wirtschaftliche Verflechtungen zu. Fischfang und Waldwirtschaft standen im Vordergrund des Wirtschaftens, aber auch Frühformen eines Fernhandels existierten bereits.

Die verschiedenen Stämme der Elbslawen gerieten im 10. Jahrhundert verstärkt in das Blickfeld der politischen Ambitionen des ostfränkischen Königs und sächsischen Herzogs Heinrich I. Daher sind wir über die folgenden Ereignisse durch die Chroniken einiger christlicher Autoren besser, wenn auch einseitig, informiert. Damals kam es zu einer Reihe militärischer Vorstöße der Sachsen bis in den Oderraum. In diese Phase ihrer Expansion fiel auch die Gründung der Bistümer Brandenburg und Havelberg, denn mit der zeitweisen Eroberung von Landstrichen jenseits, d. h. östlich der Elbe gingen auch immer eifrige Versuche einher, die dort lebenden Heiden zu christianisieren.

In der Folge wurden die slawischen Völkerschaften außerdem

zu Tributzahlungen gezwungen. Im Jahre 983 erhoben sie sich, um diese Formen der Fremdherrschaft abzuschütteln, aber auch um die Missionsbestrebungen abzuwehren. Der Aufstand war nach harten Kämpfen von Erfolg gekrönt. Verschiedene Anstrengungen zur Rückeroberung des Raumes durch den deutschen König blieben in den folgenden Jahren ohne Wirkung.

Erst im 12. Jahrhundert trat eine grundlegende Wende im politischen Gefüge ein. Das Land zwischen Elbe und Oder wurde erneut zum Gegenstand der Expansionsgelüste mächtiger Nachbarn, die sowohl im Westen als auch im Osten beheimatet waren. Deren Vorgehen wurde begünstigt durch die politische Zersplitterung der ansässigen Stammesverbände. Natürlich waren die Beziehungen zwischen der slawischen und der deutschen Führungsschicht in der Zwischenzeit nicht abgebrochen. Auch hatte der christliche Glaube seine Bedeutung in diesen Gebieten nicht gänzlich eingebüßt. In der Region kam es immer wieder zu lokalen Bündnissen zwischen slawischen und deutschen Adligen. Auf Grund solcher Konstellationen dürfen wir davon ausgehen, daß sich in den Grenzlandschaften die Siedlungsräume von Slawen und Deutschen bereits zu überlappen begonnen hatten.

So konnte es geschehen, daß der vermutlich christliche Hevellerfürst Pribislaw-Heinrich den Grafen Albrecht von Ballenstedt nach 1120 zu seinem Nachfolger ernennen wollte. Nach ersten anfänglichen politischen Mißerfolgen hatte es Albrecht im Dienst Kaiser Lothars III. verstanden, seine territoriale Basis wesentlich zu verstärken. Der Kaiser erhob ihn 1134 zum Grafen der Nordmark. Um 1140 verlieh er ihm außerdem die Grafschaft Weimar-Orlamünde. Er hatte so den Einflußbereich seines Hauses vom Harzvorland bis an die Ränder des südlichen Flämings und in den mittleren Elbraum ausgedehnt.

Zwischen den beiden Adelsgeschlechtern gab es vermutlich schon länger engere familiäre Kontakte. Denn der Herrscher über die Heveller war der Pate von Albrechts ältestem Sohn Otto. Bei der Taufe soll jener dem Grafensohn ein stattliches Geschenk gemacht haben, nämlich das weit im Osten gelegene Land Zauche. Solche über gemeinsame Interessen erworbenen

Beziehungen spielten in den Kämpfen der rivalisierenden Adelsgruppen als Quelle von Loyalität und militärischer Hilfe eine
herausragende Rolle.

Im Rahmen eines Kreuzzuges gegen die heidnischen Wenden
von 1147 ging es dem zum Fürstengeschlecht der Askanier gehörenden Albrecht wie den anderen daran beteiligten hochadligen Herren in erster Linie um Beute und um die Ausdehnung
ihres Herrschaftsbereichs. Das erste Ziel von Albrechts Unter-
nehmung waren Havelberg und Umland. Dort setzte er sich mit
Waffengewalt fest und machte damit den Weg frei, das alte Bis-
tum wieder zu beleben. Außerdem gelang es ihm im Rahmen
dieses Heerzuges vermutlich, sich einiger Stützpunkte am Rande des späteren Uckerlandes zu bemächtigen.

Andere, kleinere Herren, die sich auf eigene Rechnung dem
räuberischen Feldzug der sächsischen Großen angeschlossen
hatten, waren nicht minder erfolgreich. So schufen die Edlen
Gänse – sie hießen tatsächlich so – die Basis für ihre ausgedehnte Herrschaft um Putlitz. Das Gebiet um Friesack kam ebenfalls
unter die Kontrolle eines neuen Herrengeschlechts. Die Herren
von Plotho und die Herren von Arnstein eroberten Gebiete auf
dem Boden der Prignitz und benachbarter Landstriche, die später das Ruppiner Land bilden sollten. Außerdem gab es noch
eine Reihe anderer Adelsfamilien, die am Rande der Zauche
und des Teltow, wie diese Landschaften schon bald in den Quellen heißen sollten, die Voraussetzungen für eine zeitweise unabhängige Herrschaft legten. Traditionsreiche Burgorte wie Belzig,
Teupitz oder Zossen zeugen mit den alten Kernen ihrer Wehrbauten von solchen Bemühungen.

So betrachtet waren die geopolitischen Voraussetzungen für
Albrecht nicht ungünstig, als er nach dem Tod Pribislaw-Hein-
richs 1150 dessen Nachfolge antrat. Der Ballenstedter Graf ergriff vom Herrschaftsmittelpunkt des kleinen Hevellerreiches,
der Brandenburg, Besitz und ließ seinen Amtsvorgänger stan-
desgemäß bestatten. Dann verließ er, unter Zurücklassung einiger Getreuer, den Ort wieder. Geraume Zeit später (an zuverläs-
sigen Quellen mangelt es) bemächtigte sich aber ein slawischer
Adliger mit Namen Jaxa dieser Burg. Die Hintergründe seines

Vorgehens ebenso wie seine genaue Identität sind bis heute umstritten. Er verfügte offenbar über ein erhebliches militärisches Potential, denn Albrecht erbat sich zum Zweck der Rückeroberung seines Erbes die Hilfe einiger Fürsten. Nach heftigen Kämpfen gelang es Albrecht am 11. Juni 1157, sich erneut in den Besitz der Brandenburg zu setzen.

Schon bald danach scheint sich Albrecht um den Zuzug von Siedlern aus westelbischen Gebieten, von Rhein und Maas, bemüht zu haben, um die eroberten Landstriche mit einer ihm loyalen Bevölkerung zu durchsetzen und damit seine Herrschaft zu sichern.

In brandenburgischen Ortsnamen spiegelt sich noch heute gelegentlich diese Migrationsbewegung wider. Der Chronist Helmold berichtete, daß der Markgraf vor allem Holländer, Seeländer und Flamen herbeirief, um das südliche Elbufer zu besiedeln. Auch der Name Fläming erinnert an niederländische Kolonisten, die diese Landschaft mit ihrem Kirchbau und ihren Dorfanlagen prägten. In die Gebiete um Zinna und Jüterbog sowie längs der Dahme rief der Magdeburger Erzbischof ebenfalls Siedler aus den Niederlanden.

In einer Urkunde des Jahres 1160, welche die Einrichtung eines Marktes in dem Dorf Stendal bezeugt, gewinnen wir erstmalig einen räumlichen Eindruck von der Herrschaftsbildung im mittleren Elbgebiet. Damals gebot Albrecht neben der Brandenburg noch über befestigte Anlagen mit entsprechendem Umland zu Arneburg, Osterburg, Salzwedel, Tangermünde und Werben sowie zu Havelberg. Hier lag die territoriale Keimzelle der späteren Mark Brandenburg. Noch waren diese Burgorte jedoch nur Zentren lokaler Herrschaft, die in der Weite des Raumes unverbunden nebeneinander standen.

Albrechts ältester Sohn Otto übernahm 1170 diese Güter, während seine jüngeren Brüder ihre Herrschaft in den übrigen väterlichen Besitztümern antraten. Dieser Vorgang beschleunigte den Prozeß einer Herrschaftsverdichtung in den Landstrichen im Umfeld der Brandenburg gewiß wesentlich. Denn es muß Otto daran gelegen gewesen sein, dieses Gut gegenüber dem deutschen König, aber auch anderen fürstlichen Konkurrenten als einen einheitlichen, d. h. seiner alleinigen Verfügung unterworfenen Besitz erscheinen zu lassen.

Nach damaliger Auffassung zeichnete sich ein Fürstentum dadurch aus, daß sein Inhaber vom Reichsoberhaupt direkt belehnt wurde. Außerdem mußte ein solcher Herrschaftsbezirk noch ein weiteres Kriterium erfüllen: kein anderer Fürst durfte über dieses Gebiet weltliche Hoheitsrechte ausüben. Obwohl im Umfeld der Brandenburg auch der deutsche König und der Brandenburger Bischof über eigenen Besitz verfügten, hören wir bereits kurz nach Ottos Herrschaftsantritt davon, daß seine Vasallen sie als die vornehmste Feste eines jungen markgräflichen Fürstentums betrachteten. Trotz der rechtlich unübersichtlichen Situation wurde der herausragenden Rolle des Askaniers auch in der königlichen Kanzlei schon bald durch entsprechende Titulaturen Rechnung getragen. In deren Schriftstücken wurde fortan ausdrücklich von einem Markgrafen von Brandenburg gesprochen.

Der Weg zu einem Territorium mit erkennbaren Grenzen und Zuständigkeiten war jedoch noch weit. Vom klaren Willen der neuen Herren, ein Land im Sinne eines Raumes mit erhöhter herrschaftlicher Verdichtung zu errichten, zeugen aber Gründungen wie die des Klosters Lehnin um 1180 oder die des Klosters Arendsee. Mit den Mönchen kamen nämlich in beträchtlicher Zahl Siedler in die noch weitgehend unbewohnten Gebiete.

Landnahme und Christianisierung waren eng miteinander verbunden. Allenthalben bildeten Kirchen und Klöster, sie mochten noch so klein sein, in einer lebensfeindlichen Umwelt Kristallisationspunkte kulturellen Lebens. Ihre steinernen Bauten, die sich noch lange von den Lehmhütten der Bauern und Bürger deutlich abhoben, waren Zeichen einer neuen Ordnung. Das praktische Beispiel der Mönche wirkte oft bis in die bäuerliche Landwirtschaft hinein vorbildhaft. Im Schutz der weltlichen Gewalt breitete sich die Kirche jedoch nicht nur als Vermittler einer christlichen Kultur aus, sondern auch als eine flächendeckende Organisation. Unabhängig von der fürstlichen Gewalt etablierte sich über den Pfarreien eine höhere kirchliche

Verwaltung mit Archidiakon und Bischof als wichtigsten Funktionsträgern.

Über die Landnahme im engeren Sinne, d. h. die Erschließung des Naturraumes und die damit verbundenen Anstrengungen wissen wir wenig. Der Ackerbau breitete sich fernab von Flüssen aus, und kleine bäuerliche Ansiedlungen entstanden, die oft erst Jahrzehnte nach ihrer tatsächlichen Gründung in den Urkunden auftauchen. Noch lange blieben sie kleine Inseln der Zivilisation inmitten großer Wälder, die von den Menschen vornehmlich als eine feindliche Umgebung wahrgenommen wurden. Dies alles geschah nicht ohne hoheitliche Anleitung vor Ort. Neben den Markgrafen und geistlichen Einrichtungen erfüllten zahlreiche andere Herrschaftsträger zumeist adliger Herkunft solche Aufgaben, sei es in deren Auftrag oder von dem Wunsch geleitet, eine eigene Herrschaft aufzubauen.

Knapp hundert Jahre nach Albrechts Tod hatten seine Nachfahren, vor allem die Brüder Johann I. und Otto III., die beide um 1266/67 verstorben waren, dafür gesorgt, daß der markgräfliche Herrschaftsbereich sich erheblich ausdehnte. Es war den Askaniern offenkundig dauerhaft gelungen, sowohl andere Träger fürstlicher Herrschaft – etwa im Osten die polnischen Herzöge und die Lausitzer Markgrafen, im Norden die mecklenburgischen Fürsten und im Elbraum den Magdeburger Erzbischof – zurückzuwerfen als auch im beharrlichen Kleinkrieg zahlreiche lokale Gewalten, die einst eine unabhängige Stellung angestrebt hatten, niederzuringen.

Daher schien es auch keinen politischen Nachteil mit sich zu bringen, als sie im Jahre 1258 erste Schritte unternahmen, ihren gesamten Besitz an Hoheitsrechten, Burgen und Städten, Vasallen, Kirchengut und Bauernland in zwei separate, voneinander unabhängige Herrschaftsbezirke zu teilen. Im Gegenteil, so könnte man argumentieren, wird dieser Vorgang dazu beigetragen haben, daß sich ihre Vasallen und die Städte auf lokaler und regionaler Ebene ihrer gemeinsamen Interessen gegenüber der fürstlichen Herrschaft stärker bewußt wurden. Mittels der Herrschaftsteilung konnte nämlich ein erster fruchtbarer Keim für ein räumlich begrenztes Gemeinschaftsgefühl unter den Landleuten gelegt werden. Denn ein solcher Akt war nicht ohne deren lebhafte Mitwirkung durchzuführen. Sie allein verfügten über die erforderlichen Kenntnisse der lokalen Gegebenheiten.

So erhielt Johann I. Gebiete im altmärkischen Raum mit Stendal als zentralem Herrschaftsort, dazu kamen Landstriche längs der Havel und der Ucker. Seinem Bruder Otto III. wurden die Herrschaftssitze zu Brandenburg, Spandau und Salzwedel mit Umland zugeteilt, dazu traten weitere Gebiete auf dem Barnim sowie die «Länder» Lebus und Stargard. Vermutlich hatte man sich bei dieser Aufteilung in erster Linie an den Einkünften und dem Umfang der Vasallität orientiert, denn es hat nicht den Anschein, daß räumliche Aspekte eine Rolle gespielt hatten.

Unter Kontrolle der brandenburgischen Askanier befanden sich seitdem Gebiete, die wir mit Begriffen wie dem Barnim, dem Havelland, dem Teltow, der Uckermark oder dem Land Stargard und dem Land Lebus in Verbindung bringen. Dabei handelt es sich oft um geographische Bezeichnungen älterer Herkunft. Um 1250 waren die Markgrafen in ihrem Expansionsstreben sogar über die Oder siegreich vorgedrungen. Dennoch erhebt sich die Frage, ob diese Herrschaft in ihrer räumlichen Erstreckung nicht zu rasch gewachsen war, so daß es in der Folge an einer inneren Konsolidierung mangelte.

Unsere Vorstellungen vom Gefüge hochadliger Herrschaft in dieser Epoche sind mit Begriffen wie Territorium oder Staat verbunden. Dies suggeriert jedoch eine Form räumlicher Geschlossenheit, die den damaligen politischen Realitäten nicht entspricht. Ohnehin läßt sich für die Frühzeit nicht trennscharf zwischen eher geographischen Bezeichnungen des Raumes und territorialen Einheiten, die sich durch herrschaftliche Verdichtung und ein rudimentäres Gemeinschaftsbewußtsein auszeichneten, differenzieren.

Mit den Askaniern war eine Vielzahl von Vasallen, d. h. ein über das Lehnswesen an den Markgrafen und seine Familie gebundener Personenkreis, ins Land gekommen. Ohne deren Mitwirkung vermochte der Markgraf weder Krieg zu führen noch lokale Herrschaft auszuüben. Die Vasallen hatten sich mit ihren bäuerlichen Untertanen neben der alten slawischen Bevölkerung festgesetzt. Sie bildeten den herrschaftlichen Unterbau der askanischen Landnahme.

Gewiß kam es dabei zu gewaltsamen Vertreibungen, aber sie müssen nicht die Norm gewesen sein. In den menschenleeren Weiten war für beide ethnischen Gruppen genug Platz vorhanden. Mancher slawische Aristokrat dürfte mit seinen Untertanen in die Klientel der Markgrafen übergetreten sein, so daß sich auf dem Lande, anders als in der Stadt, die sozialen und kulturellen Grenzen zwischen den ethnischen Gruppen allmählich verringern konnten. Kleine, überwiegend mit Holz und Erdwällen befestigte Herrschaftssitze erbauten auch die neuen Herren vor allem an den Flußläufen, aber keine mächtigen Steinburgen, die so eng mit unserem landläufigen Bild des Mittelalters verknüpft sind. Neben den Feldsteinen, die zumeist im Sockelbereich verbaut wurden, kamen dabei vermehrt Ziegel zum Einsatz – eine Bauweise, die uns heute noch in Gestalt zahlreicher Kirchbauten dieser Epoche gegenwärtig ist. Einige der Wehranlagen entwickelten sich zu lokalen Zentren, von denen aus ein Vogt oder ein mächtiger Adliger über einen größeren Bezirk von Dörfern mit Zustimmung des Markgrafen die hoheitliche Kontrolle ausübte. Wieder andere boten günstige Voraussetzungen, um schließlich städtischen Charakter anzunehmen.

Damals entstand eine erste, territorial zusammenhängende Infrastruktur des späteren Landes Brandenburg, wie sie uns in Umrissen heute noch vertraut ist: die Verteilung der Dörfer und städtischen Siedlungen sowie der von Menschenhand urbar gemachten Flächen inmitten einer unberührten Natur, überwölbt von einer höchst lückenhaften Verwaltung. Nicht zuletzt bürgerte sich auch eine Gerichtsverfassung ein, welche die Dorfbewohner weitgehend unter die herrschaftliche Kontrolle der Lokalgewalten stellte.

In dieser Phase waren die Bauern noch relativ selbständig und persönlich frei. Sie mußten jedoch ihrem jeweiligen Herrn für die Überlassung des Landes und den gewährten Schutz Abgaben leisten, dazu kamen die gewöhnlichen Zehnten an die Kirche. Außerdem gab es die sogenannte Bede, eine Art Steuer, die dem Markgrafen als Territorial- bzw. Lehnsherrn zustand.

Ein vergleichsweise dünnes Netz von kleinen und kleinsten städtischen Siedlungen wurde ohne einen festen Plan über diese Gebiete gelegt. Um die Mitte des 13. Jahrhunderts hatten sich diese Gemeinden in ihrer wirtschaftlichen Bedeutung jedoch schon so weit entwickelt, daß ein Teil von ihnen die Kraft besaß, sich von der politischen Kontrolle ihres hochadligen Stadtherrn zu befreien.

Aus dem Kreis der Bewohner gebildete Räte, die mit wachsenden sozialen und politischen Kompetenzen ausgestattet wurden, traten jetzt als Akteure in den Vordergrund des städtischen Lebens. Auch dort war Grund- oder Hausbesitz ein wesentliches Kriterium für Teilhabe am politischen Leben. Handel und Gewerbe entwickelten sich fortan in bürgerlicher Selbstverantwortung. Die geringen Erträge der Böden, die daraus resultierende dünne Besiedlung und die Randlage im mitteleuropäischen Handelsgefüge setzten diesem Prozeß in seinem inneren und äußeren Wachstum jedoch oft engere Grenzen als anderswo.

Der dynastische Niedergang der brandenburgischen Askanier zwischen 1317 und 1320 wirft bis heute einige Fragen auf. Ihr biologisches Aussterben allein erklärt nämlich kaum, wieso dieses Fürstenhaus binnen eines halben Jahrhunderts seine im Nordosten des Reiches scheinbar überragende Machtstellung einbüßte und die innere Durchdringung Brandenburgs auf einem vergleichsweise niedrigen organisatorischen Niveau abbrach.

An Dörfern, Städten, Klöstern und Vasallen hatte es ihnen auf den ersten Blick nicht gemangelt, dennoch läßt sich in zahlreichen Auseinandersetzungen mit ihren Nachbarn im späten 13. Jahrhundert erkennen, daß die Askanier immer öfter mit einem latenten Mangel an Ressourcen aller Art zu kämpfen hatten. Wahrscheinlich war dies letztlich auf das Vordringen der Geldwirtschaft zurückzuführen, das neue Strategien zur Mobilisierung militärischer Kräfte notwendig machte. Die politischen Ambitionen der Askanier und ihre Kräfte gerieten darüber in ein wachsendes Mißverhältnis, an dem sie letztlich scheiterten.

Den für die damalige Zeit höchst komplexen Zusammenhang von ökonomischen und militärisch-administrativen Faktoren vermögen wir im konkreten Geschehen nur punktuell nachzuvollziehen. So erfahren wir seit 1267 des öfteren von Verträgen zwischen den Markgrafen und lokalen Herrschaftsträgern, in denen erstere auf die kontinuierliche Erhebung der Bede im betreffenden Gebiet, einer Vogtei oder einem als Land bezeichneten Raum, zugunsten der Zwischengewalten verzichteten, um im Gegenzug sofort eine größere Summe Geldes von jenen zu erhalten. Nicht anders verhielt es sich beim Verkauf ganzer Herrschaftsbezirke wie etwa dem Land Bellin, das 1294 durch den Markgrafen an den Bischof von Havelberg veräußert wurde.

Es wurde offenbar immer schwieriger, bei den häufig ausbrechenden Fehden allein über die Lehns- und Stadtherrschaft die erforderliche militärische Gefolgschaft zu rekrutieren. Vielmehr mußte der Markgraf seinen Kriegern für ihre kurzfristigen Dienste entweder zusätzlich Geld versprechen oder ihnen nach Ende der Kampfhandlungen gar Anteile an seiner unmittelbaren Herrschaft über Land und Leute abtreten.

Dieser strukturelle Wandel in der Mobilisierung von Ressourcen läßt sich mit Blick auf die politische Ordnung als eine Kommerzialisierung von Herrschaft bezeichnen. Infolge dieses Geschehens verlor der brandenburgische Territorialherr weitgehend den administrativen bzw. herrschaftlichen Zugriff auf die bäuerliche Bevölkerung und die Bewohner etlicher Landstädte. Dieser Prozeß sollte sich unter veränderten Vorzeichen bis in das frühe 17. Jahrhundert hinziehen.

Mit dem – oft zeitlich unbegrenzt – verpfändeten Land erhielt nämlich der neue Inhaber in der Regel sämtliche hoheitlichen und ökonomischen Rechte übertragen. Nicht selten war von solchen Vorgängen nicht nur eine größere Zahl bäuerlicher Siedlungen mit allem Zubehör betroffen, sondern ganze Landstriche einschließlich der städtischen Gemeinwesen und der dort lebenden adligen Vasallen. Ferner waren in diese Verträge häufig so wichtige Bereiche wie Zölle oder das Mühlenwesen einbezogen. Besonders auffällig waren solche Landvergaben in Grenzräumen der Neu- und Altmark. Dort übten einige Adelsgeschlechter im Ergebnis eine weitgehend selbständige Herrschaft aus.

Der fürstlichen Obrigkeit verblieb nach solchen Veräußerungen eine lockere Form der Oberherrschaft über das Land. Erst im Laufe der Zeit sollte sie wieder in die Lage versetzt werden, dort ihre Herrschaft mit konkretem Inhalt zu erfüllen, der ihr erneut auf diesem Gebiet politische Gestaltungsräume eröffnete. Von diesen tiefgreifenden Machtverschiebungen ging bis in die Neuzeit eine prägende Wirkung nicht nur auf die ländliche Gesellschaft, sondern auch auf die herrschaftliche Struktur des gesamten ländlichen Raumes aus. Diese Veränderungen haben den Prozeß der Staatsbildung Brandenburgs nachhaltig bestimmt.

Zu den wichtigsten Merkmalen dieses Vorgangs gehörte die dauerhafte Verfügungsgewalt von Adligen über Burgen und die dazugehörigen sogenannten Burgwardbezirke, die einst in askanischem Besitz gewesen waren. In ihren Herrschaften sollten diese Geschlechter zwar keine völlige politische Unabhängigkeit erlangen, aber sie und ihre Nachfolger konnten dort teilweise bis in das frühe 19. Jahrhundert hinein über die Geschicke ihrer bäuerlichen und ackerbürgerlichen Untertanen in großer Unabhängigkeit und Selbständigkeit entscheiden. In den Gebieten jenseits der Oder gehörten beispielsweise zu diesem kleinen, aber mächtigen Kreis die Borcke, Güntersberg und Wedel, in der Zauche die Rochow, in der Prignitz die Putlitz oder in der Altmark die Alvensleben, Bartensleben und Schulenburg.

Vor dem Hintergrund dieser innerterritorialen Machtverschiebungen wird man die politische Leistung der Askanier mit einem deutlichen Fragezeichen zu versehen haben. Gewiß hatten sie auf Kolonialboden ein neues fürstliches Territorium aus dem Nichts erstritten und nach Innen einen wesentlichen Beitrag zur Besiedlung dieses Raumes geleistet.

Auch gehörten sie nach der Mitte des 13. Jahrhunderts zu dem schließlich immer enger werdenden Kreis der Wähler des deutschen Königs. Bereits im Schwabenspiegel, der um 1275 verfaßt wurde, hören wir davon, daß der Brandenburger Markgraf am königlichen Hof das Amt des Erzkämmerers versah. Insbesondere bei Krönungsfeierlichkeiten kam dies zur Geltung. Im Gegensatz zu anderen Großen hielten sie daher auch in Zeiten der Schwäche und des Niedergangs des Königtums an dem Recht fest, das Reichsoberhaupt zu wählen. Es sollte in ferner Zukunft das politische Gewicht Brandenburgs heben.

Aber der markgräflichen Herrschaftsbildung fehlte eine innere Konsolidierung. Statt dessen hatte man bereits frühzeitig die flächenhafte Herrschaft über den ländlichen Raum weitgehend aufgeben müssen. Sämtliche ihrer Nachfolger sollten bis in die späte Neuzeit vor der Aufgabe stehen, im steten Kampf mit den Lokalgewalten deren Einfluß auf die ländliche Gesellschaft zurückzudrängen.

# 3. Territorialstaatsbildung und lokale Herrschaft (1300–1648)

Im Juli 1320 war der letzte männliche Angehörige aus dem Haus der brandenburgischen Askanier verstorben. Damit wurde ein blutiger und äußerst langwieriger Kampf um deren Erbe eingeläutet. Allein das Erzstift Magdeburg konnte sich auf vertraglich abgesicherte Rechte aus dem Jahre 1196 berufen, wenn es nach Teilen dieses Besitzes strebte. Im April 1323 sollte Kaiser Ludwig der Bayer, wie er später genannt wurde, seinen gleichnamigen Sohn mit der Markgrafschaft Brandenburg und seinen sämtlichen Zubehörungen belehnen.

Dem raschen Zugriff der Wittelsbacher auf das verwaiste Erbe der Askanier hoch im Norden des Reiches, weitab von den Zentren kaiserlicher Macht, lagen verschiedene Motive zugrunde. Dazu gehörten die Aussicht auf Erweiterung ihres familiären Territorialbesitzes, aber auch die Hoffnung auf eine Stärkung der Position der Wittelsbacher unter den deutschen

Königswählern. Natürlich wollte man auch dem erklärten Wunsch der Nachbarfürsten, ihre territoriale Basis zu vergrößern, Einhalt gebieten.

Die Vorgehensweise Ludwigs dürfte durch das nicht allzulange zurückliegende Beispiel Rudolfs von Habsburg als deutschem König angeregt worden sein. Dieser hatte zur Stärkung seiner Hausmacht seine Söhne Albrecht und Rudolf mit den heimgefallenen Reichslehen Österreich, Steiermark, Krain und der Windischen Mark belehnt. Der Bayer machte nun ebenfalls von seinem Recht als oberster Lehnsherr Gebrauch und vergab ein an das Reich heimgefallenes Fürstenlehen an einen nächsten Verwandten. Mit dem jahrzehntelangen Bemühen der Wittelsbacher, das Lehen gegen starke innere und äußere Widerstände zu behaupten, wurde ungeachtet aller dynastischen Konfliktlinien auch ein entscheidendes Kapitel im Rahmen der territorialen Formierung Brandenburgs aufgeschlagen.

In den anhaltenden Kämpfen der Fürsten um das verwaiste brandenburgische Erbe wird dank einer günstigeren Quellenlage die feudale Gesellschaft Brandenburgs in ihren räumlichen Strukturen für uns erstmals umfassend sichtbar. Binnen weniger Generationen hatte sich auf dem Lande vor allem adlige Herrschaft flächendeckend ausgebreitet. Die Bischöfe von Brandenburg und Havelberg hatten ihre durch den Slawenaufstand einst verlorene territoriale Basis zurückerworben, aber sie vermochten unter dem Druck der weltlichen Fürsten keine ausgedehnten und geschlossenen Herrschaftsbezirke aufzubauen. Allein dem Bischof von Lebus sollte es im Jahre 1518 mit dem Ankauf der Herrschaft Beeskow-Storkow noch gelingen, eine bescheidene territoriale Grundlage zu bilden. Trotz dieser Einschränkungen hob sich bischöflicher Landbesitz, ebenso wie der der Ruppiner Herren, im Gegensatz zu dem der Ritterschaft von der markgräflichen Herrschaft markant ab. Denn die hoheitliche Gewalt von Bischof und Edelherr besaß im Vergleich zu der des niederen Adels eine höhere Intensität.

Natürlich war zwischen Elbe und Oder wie überall im Reich ein dichtes Netz von Klöstern und anderen geistlichen Einrichtungen entstanden, die zielstrebig ihren Besitz erweiterten. Denn deren gute Wirtschaftsführung und die reiche Spendentätigkeit der Bevölkerung, die von der Hoffnung auf ein gnädiges Jenseits getragen war, füllten unabhängig von den rasch wechselnden Agrarkonjunkturen ihre Kassen und vergrößerten ihre Ländereien.

Nicht zuletzt ihr materieller Wohlstand erlaubte ihnen eine fruchtbare Kulturarbeit. In ihrem Umfeld wurden Schulen, Hospitäler und Siechenhäuser errichtet. Karitative Aufgaben wurden fast ausschließlich von kirchlichen Einrichtungen erfüllt. Außerdem lag es in ihrer Hand, Künstler mit Aufträgen zur Ausschmückung von Kirchen und Klöstern zu versorgen. Auch Chroniken über die Geschichte der Mark und ihres Herrscherhauses wurden in ihrem Auftrag angefertigt.

Darüber hinaus waren in den ersten Jahrhunderten der Landbildung andere, für die künftige wirtschaftliche und ökonomische Entwicklung wesentliche Weichenstellungen vollzogen worden. Insbesondere auf den höher gelegenen, ertragreicheren Böden der Moränen hatten der Adel und die Kirche ihre Herrschaft ausgedehnt. Dagegen erstreckte sich das unmittelbar in fürstlicher Hand befindliche Gut vor allem in den von Überschwemmungen bedrohten Urstromtälern mit ihren schlechten Böden. Die finanzielle Situation der Landesherrschaft hatte sich dadurch weiter verschlechtert.

Den Städten war es überwiegend gelungen, sich von der fürstlichen Herrschaft zu befreien. Sie vermochten fortan im territorialen Kräftefeld als relativ selbständige Mächte zu agieren. Ihre kaum zu überwindenden Befestigungsanlagen, ihre aus Bürgern gebildeten militärischen Aufgebote, die oftmals den fürstlichen Heeren durch ihre moderne Bewaffnung überlegen waren, sowie ihre erhebliche Finanzkraft schufen die Grundlagen einer jetzt in den Quellen vermehrt sichtbar werdenden politischen Macht. Dies zeichnete sich bereits um 1300 in Umrissen ab, sollte aber in den kommenden Jahrzehnten noch an Bedeutung hinzugewinnen.

Zwischen 1304 und 1314 löste Stendal seine Heerpflicht gegenüber dem Markgrafen durch eine Geldzahlung ab. Im Jahre

1308 kam es wohl erstmalig zu einem Bündnis aller Städte der ottonischen Linie der brandenburgischen Askanier, in dem diese sich zu gemeinsamer Abwehr von Unrecht und Gewalt bekannten. Um 1314 wurde der Stadt Frankfurt vom Markgrafen eine Aufgabe übertragen, wie sie bislang nur von Fürsten in ihren Territorien versehen worden war, nämlich für den Erhalt des Landfriedens zu sorgen. Die Stadt übernahm in ihrem räumlichen Umfeld, dem Land Lebus, diese wichtige Funktion. Der Vorgang zeigt nicht nur, daß einzelne Städte begannen, territoriale Politik zu treiben, sondern auch, daß der Brandenburger Markgraf nicht mehr über die erforderlichen Mittel verfügte, um seine Landfriedensgewalt flächendeckend auszuüben.

In den kommenden blutigen Auseinandersetzungen um die Herrschaftsnachfolge in Brandenburg verschmolzen dynastische und lokale Interessen so stark miteinander, daß sie heute kaum mehr trennscharf zu unterscheiden sind. Die einzelnen Stationen des militärischen und diplomatischen Kampfes um das scheinbar herrenlose Erbe können und müssen daher hier nicht im einzelnen aufgezählt werden.

Es war ein zähes Ringen, dessen Ablauf stets einem ähnlichen Muster folgte: Die fürstlichen Eindringlinge, die auf Teile des brandenburgischen Gebietes spekulierten, gingen Bündnisse mit lokalen Burginhabern oder Städtebünden ein, wobei jede Partei ihre ganz speziellen Interessen nie aus dem Auge verlor.

Nur in dieser Konstellation bestand damals die Aussicht, eine militärische und ökonomische Kontrolle über das Land längerfristig zu behaupten. So nahmen die Herzöge von Pommern-Wolgast, unterstützt von lokalen Adelsgruppen, voran die Wedel, die Gebiete jenseits der Oder, aber auch das Lebuser Land in Besitz. Nicht minder erfolgreich erwies sich Herzog Rudolf I. von Sachsen, ein Askanier, der 1298 mit einer brandenburgischen Prinzessin, nämlich einer Tochter Ottos IV., verheiratet worden war. Wohl dank kräftiger Hilfe des Bischofs von Brandenburg unterwarf er die Niederlausitz sowie die angrenzenden Gebiete des Barnim, Havellandes und Teltow. Auf dem Boden der Prignitz und im Grenzgebiet zur Uckermark dehnte sich der Herzog von Mecklenburg mit Hilfe der Gänse zu Putlitz und des Bischofs von Havelberg aus. Letztere waren zuvor von den brandenburgischen Askaniern stark unter Druck gesetzt worden. Vermutlich erhofften sie sich in diesem Bündnis bessere Chancen, ihre herrschaftlichen Belange zu verteidigen.

Trotz aller Bemühungen schafften es die Wittelsbacher in den folgenden Jahrzehnten nicht, sich dauerhaft im gesamten einst askanischen Herrschaftsgebiet festzusetzen. In immer neuen Koalitionen kämpften sie gegen ihre zahlreichen Gegner, um ihre Hoheit über einzelne Regionen zu behaupten oder auszudehnen. Zu welcher regionalen Machtfülle in dieser Situation eine einzelne Stadt aufzusteigen vermochte, veranschaulicht eine Episode aus dem Jahre 1348/49. Der bayerische Markgraf hatte fast jeden Rückhalt in den Gebieten diesseits der Oder verloren. Seine zahlreichen innerbrandenburgischen Gegner, unterstützt von böhmischen Söldnern, schienen die Oberhand erlangt zu haben. Aber sie konnten den Wittelsbacher, der sich – politisch und militärisch isoliert – hinter die starken Mauern der ihm verbundenen Handelsstadt Frankfurt zurückgezogen hatte, nicht bezwingen und damit dem Kampf eine erfolgreiche Wende geben. Nach Abbruch der Belagerung verbesserte sich Ludwigs politische und militärische Lage zusehends.

Seitdem den Wittelsbachern in dem Luxemburger Herrscher Karl ein überragender dynastischer Gegner nicht nur im Kampf um das Kaisertum, sondern auch um den Besitz der Mark erwachsen war, verloren sie in Brandenburg jedoch kontinuierlich an Einfluß. In diesem Streit kam der Mark auch deshalb erhebliche Bedeutung zu, weil ihr Inhaber eine der vier weltlichen Stimmen bei der Königswahl führte. Diese wurde 1356 in der Goldenen Bulle durch die Einführung eines Mehrheitswahlrechts abschließend geregelt, um künftig Thronfolgestreitigkeiten möglichst zu vermeiden.

Außerdem wurde damals die territoriale Stellung der Königswähler deutlich aufgewertet. Sie erhielten das Münz- und Zollregal, ferner wurde ihre Gerichtsgewalt gestärkt. Auch war ihnen gestattet, Juden gegen Bezahlung in ihren Schutz zu nehmen. Schließlich durfte der Teil ihres Territoriums, mit dem das Wahlrecht verknüpft war, im Erbgang nicht mehr geteilt werden. Dies galt allein für die Kurmark, nicht für Brandenburg als Ganzes.

Zu Karls politischen Schachzügen in dem über viele Jahre sich hinziehenden Machtkampf zählte auch, daß er den soge-nannten falschen Waldemar ins Spiel brachte, um den sich etli-che Legenden ranken sollten. Karl ließ ihn als angeblich letzten Regenten aus dem Haus der Askanier auftreten, der nach lan-gen Jahren der Wanderschaft in seine Heimat zurückgekehrt sei, um sein angestammtes Land wieder in Besitz zu nehmen. Dies schwächte natürlich die Herrschaft der Wittelsbacher, denn so mancher Adlige und Städter wollte diese geschickt lancierte Mär glauben.

Dennoch besaß diese turbulente kriegerische Epoche für die territoriale Formierung Brandenburgs eine zentrale Bedeutung. Die zahlreichen lokalen und regionalen Koalitionsbildungen von Adelsgruppen und die Städtebünde, die oft auf Jahre zur Durchsetzung politischer Ziele wie dem Landfrieden oder der Herrschaftssicherung geschlossen wurden, beförderten unter den Angehörigen der politischen Elite schon aus eigennützigen Erwägungen ein Gefühl der Verantwortung gegenüber ihrer Re-gion oder gar dem gesamten Territorium. Anders ausgedrückt: Der unbegrenzt erscheinende Naturraum nahm im Bewußtsein der politisch handelnden Personenkreise zunehmend die Gestalt eines durch Interessen und Besitzverteilung großflächig struktu-rierten Landes an.

So kamen die Vertreter von 35 märkischen Städten 1349 bei der Formulierung ihrer politischen Ziele überein, daß fortan die Mark oder auch Teile nur mit ihrer Zustimmung verpfändet oder verkauft werden sollten. Einen künftigen Herrn des Lan-des wollten sie erst dann anerkennen, wenn er ihnen ihre indivi-duellen Privilegien bestätigte und die Einheit der Mark zu wah-ren versprach.

Zur territorialen Identitätsbildung trugen auch die neuen Strategien bei, derer sich die Wittelsbacher zur Festigung und Sicherung ihrer Herrschaft bedienten. Sie setzten gelegentlich Landfremde, Adlige aus ihrer engeren Heimat, als Amtleute und Landeshauptleute in der Mark ein. Insbesondere letztere übten anstelle des abwesenden Herrschers über ganze Landstriche hoheitliche Funktionen aus. Eine solche Strategie löste in Brandenburg – wie überall sonst auch – unter den Lokalgewalten Empörung und Mißtrauen aus. In der politischen Konfrontation mit den fremden Amtsträgern bildete sich so ein Klima heraus, in dem sich ein territoriales Zusammengehörigkeitsgefühl unter den Beherrschten zügig entwickeln konnte.

Zusätzlich begünstigt wurde dies dadurch, daß die Wittelsbacher – wie in ihrer Heimat – Schritte unternahmen, um eine flächendeckende Verwaltung aufzubauen. Davon zeugen erste Register für einzelne Teillandschaften Brandenburgs, die den von Natur aus unbegrenzten Raum als einen beherrschten Bezirk zu erfassen suchten, in dem sie die lokalen Verhältnisse anhand weniger Daten abbildeten. An solche Bestrebungen konnte Kaiser Karl IV. nach dem Erwerb Brandenburgs im Jahre 1373 anknüpfen. Vermutlich um die hohe Kaufsumme, die er an die Wittelsbacher hatte entrichten müssen, zu refinanzieren, ließ er um 1375 das gesamte Gebiet, über das er die tatsächliche Kontrolle ausübte, durch Amtsträger bereisen und für die Zeit vergleichsweise exakt beschreiben.

Sie erstellten für den Gebrauch in seiner Kanzlei das sogenannte Landbuch, das die Mark als fürstlichen Herrschaftsverband beschrieb und heute eine der wichtigsten Quellen zur Herrschafts- und Siedlungsgeschichte Brandenburgs darstellt. Darin wurden die märkischen Teillandschaften, deren Städte und Burgen, soweit sie vom Landesherrn als solche angesehen wurden, erfaßt. Ferner wurden die rechtlichen und sozialen Verhältnisse eines jeden Dorfes gewürdigt. Insoweit nimmt diese Quelle ob ihres Materialreichtums unter den Zeugnissen zur älteren märkischen Geschichte eine einzigartige Stellung ein. Erstmals gewinnen wir eine relativ präzise Vorstellung von der inneren Struktur eines Dorfes, den Abgaben und Diensten seiner Bewohner, der Verteilung der Hufen, aber auch von den Dorfherrn und den Pfarrern sowie deren Besitz.

Dennoch bleibt ein erheblicher Teil dieser Wirklichkeit, der unsere Aufmerksamkeit ebenfalls verdient hätte, in den Quellen weitgehend ausgespart: nämlich, wie das alltägliche Miteinander der Menschen organisiert war. An vielen Handlungsweisen sollte sich trotz mannigfacher Modifikationen über lange Zeiträume nichts Grundlegendes ändern. Weitgehend in der Öffentlichkeit vollzogen, wirkten sie auf nachwachsende Generationen stets aufs Neue verpflichtend.

Zur Zeit des Landbuches waren die wegweisenden Spielregeln der Agrargesellschaft, aber auch die des Zunftbürgertums bereits in ihren Grundzügen fixiert. Sie betrafen zentrale Arbeitsabläufe auf dem Lande, bei den Feldarbeiten und in der Handwerkerstube ebenso wie das Geschehen auf städtischen Wochen- und Jahrmärkten, das Mühlen- und Brauwesen oder das gemeindliche Miteinander im Dorf, um nur einige praktische Beispiele zu nennen.

Auf dörflicher Basis, seltener auf der Grundlage alter Vogteibezirke, hatten sich Formen der Rechtsprechung verfestigt. Der Gerichtsherr bzw. das dieses Recht ausübende Adelsgeschlecht mochten wechseln, aber die zumeist ritualisierte Weise, wie, wo und wann das Gericht gehegt wurde, blieb. Auf der Basis lokaler Gewohnheiten wurden Fragen des Erb- und Nachbarrechtes geregelt. Nicht anders waren Bestimmungen für das Gesindewesen oder die Begleichung der Abgaben an Kirche und Herrschaft getroffen worden. Daher gab es in einem großflächigen Territorium wie der Mark bis in die Neuzeit auf dem Gebiet des Rechtswesens eine Vielzahl regionaler Lösungen. Obwohl sie sich auf ältere Herrschaftsbildungen bzw. eine kleinflächige Landschaft gründeten, verloren sie auch nach Jahrhunderten nicht ihre Geltung. Als politisches und soziales Ordnungsgefüge waren diese Räume aus Sicht der Beherrschten oft ungleich wichtiger als die Mark, die in erster Linie das Herrschaftsgebiet einer Dynastie markierte.

Gleichwohl werden in dem Landbuch auch gravierende Verschiebungen in der Sozial- und Wirtschaftsordnung erkennbar. So springt ins Auge, daß sich in der Altmark, aber auch in anderen Teilen des Landes, Angehörige der städtischen Oberschichten in erheblichem Umfang Land und Herrschaftsrechte des Adels angeeignet hatten. Besonders auffällig war dies im Umkreis größerer Städte wie Salzwedel und Stendal, aber auch Ber-

lin-Cölln und Prenzlau. Für das Geschehen auf städtischen
Märkten nicht minder wichtig war, daß allenthalben feudale
Getreideabgaben aus adligen in bürgerliche Hände übergegangen waren. Dahinter stand weniger die Absicht, sich mit Grund-
nahrungsmitteln zu versorgen, als der Wunsch, über das kost-
bare Handelsgut Getreide zu verfügen.

Äußerlich kam der damals zu verzeichnende städtische
Machtzuwachs darin zum Ausdruck, daß in Brandenburg,
Frankfurt und Stendal, aber auch kleineren Kommunen wie
dem neumärkischen Königsberg stattliche Rathäuser errichtet
wurden. Noch heute läßt sich der rapide gestiegene Wohlstand
der brandenburgischen Städte vor allem an ihren großenteils bis
heute erhaltenen Kirchbauten, insbesondere den gotischen
Backsteinhallen, ablesen. Sie sind nicht nur ein bleibendes Zeug-
nis tiefer Religiosität der Bürger, sondern in ihrer kunstvollen
Ausstattung auch ein Hinweis auf deren kulturelle Potentiale
und deren Vernetzung innerhalb der Städtelandschaft im Nordosten des Reiches.

Verteilt waren sie über die gesamte Mark, genannt seien wegen ihrer baulichen Qualität nur die Prenzlauer Marienkirche
und die Katharinenkirche in Brandenburg an der Havel. Bronzewerke und Erzeugnisse der Goldschmiedekunst, die heute
noch in einigen Kirchen vorhanden sind, lassen, soweit sie in
das 13. Jahrhundert zu datieren sind, vornehmlich auf den nie-
dersächsischen Raum als Herkunftsgebiet schließen. In der
zweiten Hälfte des 14. Jahrhunderts sind einige außergewöhnliche Bronzewerke entstanden, die ursprünglich der Frankfurter
Marienkirche gestiftet worden waren und sich heute in der Ger-
traudkirche befinden. An ihnen wird deutlich, daß mit der Herrschaft der Luxemburger auch Kunsthandwerker, die sich der
Kultur Böhmens verbunden fühlten, ihren Weg in die Mark gefunden hatten.

Zumindest auf den ersten Blick in einem gewissen Gegensatz
zu diesem Befund kultureller Blüte steht eine zweite wesentliche
Erkenntnis aus dem Landbuch: In den Dörfern waren zahlreiche bäuerliche Hofstätten verwaist. Dies ist auf Ereignisse zurückzuführen, die in den sonstigen für diesen Raum zur Verfü-

gung stehenden Quellen kaum aufscheinen. Um 1315/17 war es
in Mitteleuropa wohl binnen kurzer Zeit zu einem deutlichen
Absinken der Durchschnittstemperatur gekommen. Dies hatte
die Landwirtschaft schwer in Mitleidenschaft gezogen und eine
verheerende Versorgungskrise zur Folge.

Wenige Jahrzehnte später hielt der Schwarze Tod seinen Ein-
zug in Brandenburg. Der Pest hatten die unter Ernährungsman-
gel leidenden Menschen wenig entgegenzusetzen. Es kam zu einem deutlichen Bevölkerungsrückgang mit gravierenden Folgen
für das wirtschaftliche Gefüge. Während handwerkliche Erzeugnisse im Preis eher stiegen, sanken die Erlöse für landwirtschaftliche Produkte, weil es auf den lokalen Märkten an Nachfrage fehlte. Im Ergebnis stärkten die Seuchenzüge die Städte
mit ihrem überregional ausgerichteten Wirtschafts- und Bezie-
hungsgeflecht, während sich die ökonomische Lage der Bauern
und des Adels dramatisch verschlechterte. Sie vermochten auf
diese Ereignisse nicht flexibel zu reagieren.

Im übrigen sollten sich auch die politischen Hoffnungen, die
Karl IV. mit dem Erwerb der Mark verbunden hatte, zerschla-
gen. Es gelang ihm trotz aller Mühen nicht, Brandenburg als ein
zentrales Bindeglied in einem luxemburgischen Reich, das über
die Elbe sein Königreich Böhmen mit den nordeuropäischen
Küstenregionen verband, zu etablieren. Die Mark sank daher
zu einem Nebenland im Kalkül einer europaweit agierenden
Dynastie ab. Von Landfremden verwaltet, gar verpfändet an andere Territorialherren, wie etwa seit 1405 die Neumark an den
Deutschen Orden, war das Land für Jahrzehnte nur ein vornehmlich ökonomisch zu nutzender Baustein in der Machtpoli-
tik des luxemburgischen Hauses.

Dies brachte es mit sich, daß Adel und Städte, weiterhin in
unterschiedlichsten Koalitionen verbunden und unterstützt von
auswärtigen Herren, ihre jeweiligen Interessen vor allem gewaltsam gegenüber ihren Nachbarn verfolgten. In den von bürgerlichen Autoren zeitnah verfaßten Chroniken erscheint das
späte 14. Jahrhundert daher als eine Zeit des Verfalls der politischen Ordnung. Schuld daran waren nach dieser Sichtweise vor
allem die adligen Raubritter, die sich auf Kosten der Städte und

Bauern schamlos bereicherten. Der Name der in der Prignitz beheimateten Familie von Quitzow hat sich dank der Literatur – etwa den Werken des Schriftstellers Willibald Alexis – im Bewußtsein späterer Generationen zu einem Synonym für Brandenburgs Niedergang entwickelt.

Tatsächlich konnte dieses vermeintliche Raubrittertum nur bestehen, weil sich stets andere Städte fanden, welche die im Kampf erworbenen Güter den Adligen abkauften und auf ihren Märkten mit Gewinn feilboten. Ansonsten diente im 19. Jahrhundert eine möglichst dramatische Beschreibung der damaligen Verhältnisse durch Historiker und Literaten vor allem dem geschichtspolitischen Zweck, die spätere staatliche Aufbauleistung der Hohenzollern in den höchsten Tönen loben zu können. Der erfolgreiche Kampf gegen das Raubrittertum wurde damit in den Augen eines bürgerlichen Lesepublikums zur ersten sittlich bemerkenswerten und quasi vornationalen Tat dieses Herrscherhauses stilisiert.

Wer waren die Hohenzollern, die allein durch die Protektion der Luxemburger binnen weniger Jahrzehnte von einem wenig bedeutenden süddeutschen Grafenhaus zu einem Mitglied des den römisch-deutschen Kaiser wählenden Kurkollegs aufstiegen? Sie hatten sich in der zweiten Hälfte des 14. Jahrhunderts als loyale Amtsträger und Söldnerführer im Dienst des luxemburgischen Hauses erhebliche Verdienste erworben. Dafür hatte Kaiser Karl IV. die Familie der Burggrafen von Nürnberg in den Reichsfürstenstand erhoben, in dem er ihnen 1363 ihren «alten» Rang als «Fürstengenossen» bestätigte.

Sein Sohn, Kaiser Sigismund, bedachte sie anschließend mit der Markgrafschaft Brandenburg und der daran gebundenen Kurwürde. Der rasche Aufstieg der Hohenzollern wurde in der von altehrwürdigen Traditionen geprägten Fürstengesellschaft jedoch auch mit Mißfallen registriert. So mokierten sich Angehörige des Hauses Wittelsbach wiederholt in Briefen des 15. Jahrhunderts an die Hohenzollern über deren nicht-fürstliche Herkunft. Dieser Makel ließ sich nicht durch ein kaiserliches Diplom aus der Welt schaffen.

Aus der Sicht des luxemburgischen Hauses ging es bei diesem

Vorgang in erster Linie um eine politische Neuordnung im Norden des Reiches, denn es war zuvor bereits absehbar gewesen, daß auch die sächsische Kurstimme bald erlöschen sollte. Sie war bekanntlich an das benachbarte, relativ unbedeutende Herzogtum Sachsen-Wittenberg gebunden. Überdies entledigte sich der im fernen Ofen regierende Kaiser so alter finanzieller Forderungen der Hohenzollern. Praktisch vollzogen wurde dies in zwei Schritten. 1411 wurde Burggraf Friedrich VI. von Hohenzollern zum Verweser der Mark bestallt. 1415 erhielt er schließlich das erbliche Eigentum übertragen.

Nach ersten Kämpfen mit lokalen Adelsgruppen sollten die aus Franken stammenden Nürnberger Burggrafen in der Mark langsam Fuß fassen. In dieser schwierigen Anfangssituation kam es ihnen zustatten, daß sie mit Hilfe einheimischer Kräfte fortgesetzte Angriffe auswärtiger Fürsten auf brandenburgisches Territorium abwehren mußten. Dies weckte nicht nur territoriale Solidarität unter den Märkern, es erlaubte überdies Teilen der Ritterschaft, sich den Hohenzollern als Söldner anzudienen, vornehmlich unter Einsatz ihrer Burgen, die für eine erfolgreiche lokale Kriegführung noch unverzichtbar waren.

Außerdem sahen die Städte vorerst in den Hohenzollern einen potentiellen Verbündeten und zeigten sich daher in vieler Hinsicht hilfsbereit. Es hätte sie aber alsbald politisch stutzig machen müssen, wie vorsichtig der neue Markgraf mit den führenden Repräsentanten des einheimischen Adels umging, selbst wenn sie sich anfänglich ihm gegenüber feindselig verhalten hatten. So sollten die oft als erklärte Gegner der Hohenzollern bezeichneten Quitzows auch weiterhin, und zwar bis gegen Ende des 16. Jahrhunderts, das reichste Adelsgeschlecht westlich der Oder bleiben. Ihr anfänglicher Widerstand brachte für sie keinerlei politisch negative Konsequenzen mit sich.

In einer Reihe von Fehden in den folgenden Jahrzehnten gelang es den ehrgeizigen Hohenzollern, mit starker Unterstützung einheimischer Ritter, aber auch immer wieder mit der tatkräftigen Hilfe fränkischer Amtsträger und Söldner, den Nachbarfürsten kleinere Gebiete im Norden und Südosten der Mark abzujagen.

Der größte Erfolg war gewiß 1455 die Wiedereinlösung der Neumark aus dem Pfandbesitz des politisch und militärisch unter Druck geratenen Deutschen Ordens. Nach einigen schlesischen Erwerbungen gegen Ende des 15. Jahrhunderts hatte die Mark Brandenburg, von kleineren Arrondierungen abgesehen, in etwa äußerlich den Umfang erreicht, der bis in die Zeit der Französischen Revolution im wesentlichen erhalten blieb.

Selbstverständlich kam es auch weiterhin zu ungezählten Streitigkeiten mit Nachbarn um den genauen Verlauf der Grenze, um den Besitz von Wäldern und Wiesen. Aber es gab nun keine gravierenden Auseinandersetzungen mit benachbarten Fürsten mehr, auch nicht mit dem König von Polen. Allein ein Streit um das Gebiet der im Westen gelegenen Wolfsburg sollte im 17. Jahrhundert mehrfach eskalieren. Sie lag inmitten von welfischem Gut. Dieser Konflikt trieb die beiden Fürstenhäuser bis an den Rand eines offenen Krieges.

Vor allem im Inneren des Landes vollzogen sich in dieser Epoche aber Weichenstellungen, die sich für die innere Struktur der Mark als höchst folgenreich erweisen sollten. So trugen die zahlreichen Fehden, der Einfall der Hussiten und anderer Kriegsherren dazu bei, daß auf dem Lande eine zunehmende Anzahl von Bauernstellen verwaist war. Hinzu kam, daß im 15. und 16. Jahrhundert regelmäßig Seuchenzüge das Land heimsuchten.

Insgesamt gesehen dürften die Städter jedoch besser als die Landbevölkerung mit den verschiedenen Bedrohungen fertiggeworden sein. Mächtige Mauern, tiefe Gräben und stattliche Tore boten zumindest partiell einen sicheren Schutz. Vielleicht trug gerade dieser Eindruck dazu bei, daß die Bürger die aufkommenden politischen Gefahren nicht rechtzeitig erkannten.

Aus ihrer fränkischen Heimat brachten die Hohenzollern die prägende Erfahrung mit, daß fürstliche Herrschaft und städtische Autonomie unvereinbar waren und daß man im Kampf mit den Städtern nur dann siegreich bestehen konnte, wenn man sich der Hilfe des Adels sicher war. Dementsprechend versuchten die Burggrafen schon bald, durch verschiedene Maßnahmen die politische und ökonomische Position ihnen gewogener Adelsgeschlechter in den einzelnen Landesteilen zu stärken. In der Uckermark profitierten davon vor allem die bis dato unbedeutenden Arnim, während man sich in der Altmark mit den etablierten Burgherren arrangierte. In der Prignitz wurde die Familie Rohr gestärkt, um ein Gegengewicht gegen die Herren von Putlitz zu bilden, die mit Sympathie nach Mecklenburg geblickt hatten. Denn das zentrale Anliegen der Hohenzollern bestand auf Grund ihrer fränkischen Erfahrungen im Kampf mit der Reichsstadt Nürnberg darin, die politische Unabhängigkeit der Kommunen gänzlich zu brechen. Ökonomische Überlegungen spielten in diesem Kalkül dagegen keine Rolle. Dieses Ringen sollte aber mehr als ein halbes Jahrhundert in Anspruch nehmen.

In mehreren Anläufen wurde die politische Autonomie der märkischen Städte und damit letztlich auch ihre wirtschaftliche Geltung zerstört. Erste Ansätze zu einer solchen Politik zeigten sich frühzeitig. 1428 scheiterte Markgraf Johann noch kläglich bei dem Versuch, den Brandenburger Bürgern eine Steuer abzunötigen. Ebenso mißlang im folgenden Jahr der Versuch, die Stadt Frankfurt unter einem Vorwand mit einer hohen Geldstrafe zu belegen. Der 1442 beginnende Kampf mit der Doppelstadt Berlin-Cölln um die Errichtung einer fürstlichen Burg auf städtischem Territorium markiert dagegen den Wendepunkt in der Städtepolitik der Hohenzollern.

Für die Berliner und Cöllner Bürger stellte es eine schwere politische Demütigung dar, in ihren Mauern einen befestigten Fürstensitz aufnehmen zu müssen. Im Übrigen schränkten die Hohenzollern vor allem das bisher geübte Bündnisrecht der Städte ein. In diesen Konflikten zeigte sich ein wesentliches Manko der märkischen Kommunen: Es fehlte ihnen an Solidarität untereinander. Obwohl sie sich 1431 und 1434 zu gegenseitiger Hilfeleistung verbunden hatten, half man einander in drängender Not nicht.

Mit der Niederschlagung des Widerstandes der altmärkischen Städte 1488 war deren einstige politische Selbständigkeit zu Ende. Einige Kommunen hatten ihre Mitgliedschaft in der Hanse offiziell aufgeben müssen. Andere ordneten sich dem Landesherrn freiwillig unter. Im allgemeinen mußten die Bürger seit dem späten 15. Jahrhundert eine Biersteuer entrichten. Als einige Städte noch einmal dagegen aufbegehrten, nutzte der Markgraf diese Gelegenheit, deren Gerichtsgewalt zu beschneiden und die Ergebnisse städtischer Ratswahlen künftig an seine Bestätigung zu binden.

Man darf bezweifeln, daß sich die Städter in ihrer großen Mehrheit der längerfristigen Konsequenzen dieser Verschiebungen im territorialen Machtgefüge der Mark bewußt waren. Weder der geschäftige Kaufmann noch der fleißige Zunfthandwerker, die an der städtischen Selbstverwaltung beteiligt waren, nahmen dies in ihrem Alltag sofort wahr. Noch lebten sie alle hinter vermeintlich starken Mauern, die ihnen und der gesamten städtischen Gemeinde Schutz und Unabhängigkeit in einer von Unsicherheit geprägten Umwelt versprachen.

Auf den eher schleichenden Niedergang ihrer politischen Rechte reagierten die Stadtoberen vornehmlich mit einem kräftigen Ausbau städtischer Wehrbauten und sonstiger öffentlicher Gebäude. Zeichen der Macht ersetzten politische Handlungsspielräume. Die Stadttore wurden noch größer und in ihrer architektonischen Formensprache noch prächtiger ausgestaltet. Ein Blick auf erhalten gebliebene Bürgerhäuser in Tangermünde, Brandenburg oder Wittstock zeigt, daß die märkischen Bürger im späten 15. und im 16. Jahrhundert von der langsam anziehenden Agrarkonjunktur zu profitieren verstanden.

Auf dem Lande vollzogen sich nicht minder zukunftsweisende Weichenstellungen. Dort hatten die Hohenzollern von vornherein darauf verzichtet, einen fürstlichen Machtzuwachs anzustreben. In anderen Reichsterritorien war dies in Form einer Ämterverwaltung geschehen, die den gesamten Raum erfaßte. Dazu fehlten hier sämtliche ökonomischen und politischen Voraussetzungen.

Im Gegenteil, weitere einst im landesherrlichen Besitz befindliche Burgen mußten in dieser Phase der Konsolidierung adligen Parteigängern übertragen werden. Aus dem fernen Cölln an der Spree konnte der Markgraf nur in sehr beschränktem Umfang über sein oberstes Gericht in die einzelnen Landesteile hineinregieren. Oft war die Stätte des Geschehens selbst unter günstigen Wetterbedingungen mehr als eine oder zwei Tagesreisen entfernt. Bei Hochwasser brachen die Verbindungen in die Alt- und Neumark regelmäßig für Wochen und länger gänzlich zusammen. Vor Ort besaß der Markgraf keine dauerhaften Verwaltungseinrichtungen. Allein die aus dem besitzenden regionalen Adel stammenden Landeshauptleute, die vornehmlich für die Wahrung des Landfriedens und die Abhaltung eines Obergerichtes verantwortlich waren, repräsentierten dort dank ihrer sozialen Autorität in eingeschränkter Form die fürstliche Herrschaft.

Dort regierte neben der Kirche ansonsten der Adel. Dabei handelte es sich jedoch um keine sozial homogene Schicht. Nur einige Dutzend der über vierhundert märkischen Adelsgeschlechter verfügten über befestigte Rittersitze, denen man mit Einschränkungen das Prädikat Burg beilegen könnte. Sie lagen insbesondere in der Altmark und Prignitz. Ihre Besitzer übten nicht selten die Herrschaft über einige Volldörfer und erheblichen Streubesitz aus, während die Mehrzahl der Adligen nur über Dorfanteile und wenige Untertanen verfügte. Für die meisten von ihnen stand im Alltag daher die Ackerwirtschaft als Existenzgrundlage im Vordergrund.

Dementsprechend war es auch um ihre reale Wehrhaftigkeit bestellt. Nur einige Familien besaßen Feuerwaffen. Die Zahl derer, die so hohe Einkünfte aus ihrer Ackerwirtschaft erzielten, daß sie sich eine Vollrüstung in Gestalt eines Plattenharnischs und vor allem die teuren Kriegspferde leisten konnten, war ebenfalls gering.

Die große Masse der Landadligen bewohnte größere Fachwerkhäuser. Die von Gräben und hohen Zäunen umgebenen Anlagen hoben sich durch überbaute Tore und Taubentürme von großen bäuerlichen Gehöften ab. Gelegentlich gehörte auch ein wehrhafter, teilweise aus Stein errichteter Turm dazu, wie er heute noch in Garz, im Ruppiner Land, neben dem Gutshaus zu bewundern ist.

Die markgräflichen Lehnsleute, ob arm oder reich, zählten

ohne Unterschied zu den «Rittermäßigen» des Landes. Bis in das 17. Jahrhundert hob sich nur ein kleiner Kreis von Familien, die wegen ihres Stammgutes als «schloßgesessene» galten, aus dieser Adelsschicht durch einige Privilegien hervor. Betrachtet man allerdings das Heiratsverhalten des Adels, so zeigt sich, daß er in sich nach Besitz und Ansehen fein geschichtet war.

Für die Bauern begann sich die Lage in der zweiten Hälfte des 15. Jahrhunderts deutlich zu verschlechtern, wenn auch von Region zu Region in unterschiedlichem Maße. In der Altmark und Teilen der Prignitz etwa war der rechtliche Status der Bauern besser als in der Ucker- oder Neumark. Allerdings fällt es schwer, allgemeine Aussagen darüber zu treffen. Denn jedes Rittergut bildete eine kleine Lebenswelt für sich. In großem Umfang war verwaistes bäuerliches Land in den Besitz des Adels gelangt. Dieser begann, um seine schwierige finanzielle Situation zu verbessern, die Felder zunehmend mit Hilfe bäuerlicher Dienste in eigener Regie zu bearbeiten. Dabei hoffte er, von einem allmählichen Anstieg der Getreidepreise zu profitieren. Die Bedürfnisse eines adligen Unternehmertums sollten deshalb in der Zukunft das soziale Gefüge auf den Rittergütern massiv beeinflussen.

Auf Grund der oben skizzierten innerterritorialen Machtverteilung waren die Chancen in diesem Interessenkonflikt einseitig verteilt. Ohne jeden landesfürstlichen Schutz hatten die Landbewohner kaum Aussicht, sich gegenüber dem Adel auf Dauer zu behaupten. Sie konnten nur beharrlich Widerwillen zeigen. Denn im Dorf verfügte die Ritterschaft über sämtliche Hoheitsrechte. So mußten die Bauern in Fragen des erblichen Besitzrechtes und des Umfanges ihrer Frondienste in aller Regel erhebliche Verschlechterungen hinnehmen.

Dies betraf die Märker jedoch nicht überall und in gleicher Form. In den an die braunschweigischen Fürstentümer, das Erzstift Magdeburg oder die anhaltinischen Gebiete angrenzenden Teilen von Brandenburg gab es zwar verbreitet Frondienste in geringerem Umfang, aber das Besitzrecht der Bauern war im allgemeinen gut. In der Prignitz zeigte sich sehr deutlich, daß Brandenburg ein Territorium des Übergangs zwischen Grund- und

Gutsherrschaft werden sollte. Dort hatten sich nach Osten hin schwere Frondienste durchgesetzt, die bis zu mehrere Tage in der Woche umfassen konnten. Bauern konnten ihr Land sowohl nach dem für sie günstigeren Erbzinsrecht innehaben als auch nach dem wesentlich schlechteren laszitischen Recht empfangen. Dies erlaubte dem Dorfherrn starken Einfluß auf die Bauern im Alltag zu nehmen, ihre persönliche Freiheit einzuschränken, vor allem aber ihre ökonomischen Chancen zu mindern.

In der Mittelmark setzte sich ebenfalls die mit der Ausbreitung des laszitischen Rechts verbundene Gutsuntertänigkeit in der Regel durch. Die Bauern bzw. die dazu von ihnen eigens angeworbenen Knechte mußten ebenfalls allwöchentlich dem Herrn Dienste auf Erfordern leisten. In den Gebieten zur Lausitz, aber auch zu Vorpommern und Mecklenburg hin verschlechterten sich die bäuerlichen Lebensbedingungen derart, daß es vielerorts angezeigt ist, von Formen der Leibeigenschaft zu sprechen. Dort waren die Frondienste bei entsprechendem Bedarf der Gutsherren teilweise noch weiter verschärft worden.

Diese zumeist wöchentlichen Dienste auf den adligen Gütern wurden vielerorts sukzessive, in einem schleichenden Prozeß, angehoben. Insbesondere dann, wenn der Gutsherr seine Eigenwirtschaften massiv vergrößert hatte und die Anzahl seiner frondienstpflichtigen Bauern nicht entsprechend mitgewachsen war.

Sehr wichtig für das alltägliche Procedere auf den Gütern war, daß die Vollbauern mit ihren Gespannen dem Herrn für zahlreiche Leistungen zur Verfügung standen. Dazu gehörte nicht nur das Bearbeiten der Felder, sondern auch Fracht- und Fuhrdienste aller Art. So mußten die Bauern das für den Verkauf bestimmte Getreide ihres adligen Herrn über eine durch Gewohnheit fixierte Entfernung transportieren. Dies senkte erheblich die Betriebskosten des adligen Gutes, auch wenn der Gutsherr seine dienstpflichtigen Untertanen während der Arbeitszeit verköstigen mußte.

Offener Widerstand der Bauern gegen die Verschlechterung ihrer sozialen Lage wurde durch den Adel gelegentlich dadurch gebrochen, daß größere Vollbauern und die alten Lehnschulzen, die über ein deutlich besseres Besitzrecht verfügten, aus den Dörfern vertrieben wurden. Ihre Güter wurden zumeist in neue Adelssitze verwandelt. In diesem Prozeß, der sich bis ins 18. Jahrhundert erstreckte, kam es immer wieder zu Formen des Bauernlegens, also der Enteignung von Bauern. Allerdings fällt es schwer, dessen Umfang zu quantifizieren.

Noch weniger vermögen wir abzuschätzen, in welchem Umfang sich die Bauern gegen die Machenschaften des Adels zur Wehr setzten, indem sie ihre Dienste nachlässig und schleppend verrichteten. Gegen diese Strategie halfen nur in den seltensten Fällen durch die Vögte und Amtleute der Rittergutsbesitzer verhängte Repressalien. Auch unter der Gutsherrschaft blieb die bäuerliche Gemeinde als ein handlungsfähiger Sozialverband erhalten. Sehr genau beobachteten die Dorfgemeinschaften ihren Herrn, daher wußten sie in der Regel auch um seine Schwächen und nutzten dies.

Verschärft wurde dieser für die soziale Ordnung der Mark grundlegende Vorgang, der im 16. Jahrhundert einsetzte, noch durch weitreichende Veränderungen im politischen, kulturellen und ökonomischen Gefüge des Landes. Allerdings sind die Anstöße dafür außerhalb Brandenburgs zu suchen. Sämtliche größeren deutschen Fürstentümer waren mehr oder minder intensiv von der Europäisierung der Reichspolitik betroffen. Ausgelöst wurde diese durch die den europäischen Kontinent umspannenden Hausmachtinteressen der habsburgischen Kaiser seit Maximilian I.

Auch die brandenburgischen Kurfürsten wollten in diesem gewaltigen Geschehen nicht völlig abseits stehen. Daraus erwuchsen für sie Verpflichtungen wie z. B. die aktive Teilnahme an Türkenkriegen, der häufige Besuch von Reichstagen mit großem Gefolge und eine im Vergleich zu früheren Zeiten prächtigere Hofhaltung in Cölln. All dies kostete aber in einem Maße Geld, wie es den Hohenzollern bisher aus ihren märkischen Gütern und den mehr oder minder regelmäßig einkommenden Steuern nicht zur Verfügung gestanden hatte.

In diese sich langsam zuspitzende Finanzlage des Fürstentums fiel überdies die Reformation als eine religiöse und politische

Bewegung. Zwar standen die brandenburgischen Herrscher, vor allem Joachim I., dem lutherischen Bekenntnis aus politischen und familiären Erwägungen zunächst eher ablehnend bis zurückhaltend gegenüber. Seit den frühen vierziger Jahren wurde das märkische Kirchengut unter seinem gleichnamigen Nachfolger dennoch zügig säkularisiert. Im Lande hatte sich zuvor schon in den Städten, aber auch unter dem Landadel das lutherische Bekenntnis erheblich ausgebreitet, ohne den Katholizismus gänzlich verdrängen zu können.

Nach der Rückkehr des Kurfürsten Joachim II. von einem erfolglosen, aber kostspieligen Türkenkrieg war 1542/43 das Ende für die meisten märkischen Klöster und Stifter gekommen. Gedrängt von seinen zahllosen adligen Gläubigern überantwortete der Kurfürst die Mehrzahl dieser Güter an seine Kreditgeber. Allerdings reichten der Verkauf und die langfristige Verpfändung des Kirchenbesitzes nicht aus, um die binnen zweier Jahrzehnte aufgetürmten landesfürstlichen Schulden zu tilgen.

Mit der Hinwendung Brandenburgs zur Reformation war wesentlich mehr als ein formaler Wandel des Bekenntnisses verbunden gewesen, abgesehen davon, daß die Menschen Zeit benötigten, um die theologischen Veränderungen jenseits plakativer Feindbilder für sich zu ergründen und aufzunehmen. Der Landesherr gewann langfristig betrachtet an politischem Gestaltungsraum, indem er die Kirche und deren Vertreter gänzlich seinem Einfluß unterwarf.

Dies entsprach einem politischen Trend, der bereits in der ersten Hälfte des 15. Jahrhunderts in Form des landesherrlichen Kirchenregiments begonnen hatte. Im Zuge der von fürstlicher Seite betriebenen Konfessionalisierung eröffneten sich ihm neue Möglichkeiten, das Verhalten der Untertanen einer verstärkten Kontrolle zu unterwerfen. Mittelbar wurde der Pfarrer zu einem Träger landesherrlicher Politik. Außerdem sollten Teile des Kirchengutes wie die Klöster Arendsee, Chorin und Lehnin sowie andere bischöfliche Güter langfristig den fürstlichen Besitz vergrößern und damit dessen direkte Herrschaft über Land und Leute fördern.

Andererseits verlor das Land mit der Alten Kirche einen wichtigen Kulturträger. Als Auftraggeber von Bauwerken verschiedener Art, liturgischem Gut und Bildwerken in jeder Form fiel die Kirche fortan weitgehend aus. Ein großenteils mäßig reicher Landadel und ein vergleichsweise gering begütertes Stadtbürgertum konnten diese Lücke nicht wieder schließen. Allein die Residenzlandschaft bildete davon eine Ausnahme.

Reste des wertvollen mittelalterlichen Kirchengutes sollten aber in den Gewölben des Berliner Schlosses schon bald zugrunde gehen. So berichtete der berühmte Kunstagent Philipp Hainhofer 1617 über den Umgang mit diesen Objekten bei einer Besichtigung des Schlosses lapidar: «es würdt aber gar nicht conservirt und ist schad, daß alles also verdürbt.» Nicht zuletzt deshalb haben wir heute große Mühe, uns einen umfassenden Eindruck von den kirchlichen Lebenswelten in vorreformatorischer Zeit zu machen.

Nicht zu übersehen ist ferner, daß mit der Alten Kirche ein politischer Gegenpol zur Ritterschaft weggebrochen war, der auf den Versammlungen der Stände gerade im 16. Jahrhundert seine eigenen Vorstellungen gegenüber dem Landesherrn zu Fragen der Sozial- und Wirtschaftsordnung einbrachte. Jetzt vermochte die Ritterschaft ihre Belange zu Lasten von Bauern und Bürgern noch erfolgreicher als zuvor zu verfolgen.

Der finanziell angeschlagene Landesherr mußte nicht nur einer Ausweitung ihrer Rechte gegenüber den Bauern partiell nachgeben, sondern er vermochte auch das Bürgertum seiner Klein- und Mittelstädte in seinen Brau- und Handelsrechten nicht ausreichend gegen adlige Begehrlichkeiten zu schützen. Daher drängten Angehörige der Ritterschaft, von den Bürgern heftig beklagt, verstärkt auch in die wirtschaftliche Domäne des Stadtbürgertums, den Zwischenhandel mit Agrarerzeugnissen, ein.

Dies förderte unter den Adligen wiederum die Bereitschaft, ihre bäuerlichen Untertanen nicht zuletzt auch als einen variabel einzusetzenden Kostenfaktor in ihrem herrschaftlichen Kalkül zu betrachten. Bevölkerungswachstum und steigende Getreidepreise, Ausweitung der Gutswirtschaft und Verschlechterung der bäuerlichen Lebensbedingungen, Bedeutungsverlust der Städte und Machtgewinn des Adels, wachsende Steuerlast und fürstlicher Repräsentationswillen lassen sich in Brandenburg in der Epoche vor Ausbruch des Dreißigjährigen Krieges beinahe zeitgleich beobachten.

Diese Veränderungen wurden von den Zeitgenossen jedoch nur unzureichend wahrgenommen, weil sie sich stets nur in kleinen Schritten vollzogen. Anderes fiel ungleich stärker ins Auge. Seit Kurfürst Johann Ciceros Regentschaft, er verstarb 1499, residierte wieder ein brandenburgischer Territorialherr dauerhaft in der Mark. Erst Joachim II. ließ aber nach 1535 in Cölln ein seinem kurfürstlichen Rang angemessenes Residenzschloß errichten. Dabei orientierte man sich architektonisch an Kursachsen. Das unverzichtbare Baumaterial, Sandstein, wurde ebenfalls von dort bezogen. Selbst die Künstler und Handwerker stammten aus dem Reich der Wettiner.

Mit der Schloßanlage im Herzen der Doppelstadt Berlin-Cölln, dem zur Hofkirche umgebauten Gebetshaus der Dominikaner und der darin befindlichen fürstlichen Grablege, aber auch dem Ausbau des Amtes Mühlenbeck als Versorgungszentrum der Hofhaltung sowie dem Bau eines Jagdschlosses im Grunewald erhielt die Mark in der ersten Hälfte des 16. Jahrhunderts erstmalig ein dynastisch-politisches Zentrum, das durch seine architektonischen Herrschaftszeichen alle übrigen Orte des Landes überragte.

Aber es wurde damals auch sichtbar, daß für das politische Leben der brandenburgischen Stände, d. h. die von Klerus, Ritterschaft und Städten gebildeten Zwischengewalten, welche die tatsächliche Gewalt über die Masse der Untertanen ausübten, nicht die Mark als Ganzes von Belang war, sondern weiterhin deren Teillandschaften. Mit dem wachsenden Finanzbedarf des Fürstenstaates erwuchs den Hohenzollern in Gestalt der Landstände ein wichtiger Gegenspieler. Sie allein verfügten vorerst über die Gelder und die personalen Kräfte, um die Finanzmisere des Landesherrn abzuwenden.

Die Einzelheiten des geschäftigen Treibens um die Konsolidierung des «Staatshaushaltes», dessen letzte Spuren wir bis in das 18. Jahrhundert verfolgen können, müssen wir nicht betrachten. Aber in der aus dieser Situation erwachsenen Organisation und in den Abstimmungsriten der Stände spiegelte sich die Binnenstruktur der Mark, ihre politische Eigenart mehr als im Aufbau der fürstlichen Verwaltung wider. Nachdem sich dieses Regelwerk einmal verfestigt hatte, hielten die Lokalgewalten daran als der Basis ihres Anspruches auf politische Partizipation über Jahrhunderte fest.

Es zeigt sich überdeutlich, daß Gemeinschaftsbewußtsein und Handlungsfähigkeit der politischen Eliten des Landes in erster Linie an kleinräumige Landschaften und territoriale Einheiten gebunden waren, die uns seit dem 14. Jahrhundert als Barnim, Lebus und Teltow oder auch Krossen und Sternberg geläufig sind. Als «terrae», «Land», später «Beritt» oder «Kreis» bildeten sie den organisatorischen Rahmen, innerhalb dessen sich politisches Gemeinschaftsleben entwickelte.

Allerdings gab es voneinander leicht abweichende Entwicklungen in Altmark, Prignitz und Uckermark. Träger dieser Gemeinschaften waren vornehmlich die fast ausschließlich adligen Inhaber der Rittergüter gewesen, auch wenn die Städte in diesen Gremien ebenfalls präsent waren. Dementsprechend waren die von diesen Institutionen artikulierten politischen Forderungen etwa auf dem Gebiet der Wirtschafts- und Rechtspolitik sehr oft Ausdruck ihrer regionalen Sichtweisen. Die Mark als ein Ganzes schien eher selten in den ständischen Aktivitäten als ein politisches Ziel am Horizont auf.

Zwar hatte es noch im 15. und 16. Jahrhundert gelegentlich «gemeine Landtage» geben, zu denen vermutlich sämtliche Vertreter von Klerus, Adel und Städten der Kurmark eingeladen worden waren, aber es zeichnete sich sehr bald aus unterschiedlichen Motiven die Tendenz ab, von dieser Versammlungsform abzurücken. Statt dessen traf sich in Berlin ein Ausschuß, dessen Zusammensetzung den politischen Willen der Teillandschaften widerspiegelte.

So gab es ferner, um unser Bild einer mangelnden Einheit Brandenburgs in dieser Epoche abzurunden, keine oder nur sehr geringe politische oder administrative Verbindungen zwischen den Gebieten diesseits und jenseits der Oder. Daran sollte sich bis zum Beginn des 19. Jahrhunderts wenig ändern. Auch der Zusammenhalt zwischen den Kommunen blieb wie bisher relativ lose. Allein bei der Abwicklung ihrer steuerlichen Verpflichtungen gegenüber dem Landesherrn hatten sie sich auf regionaler Ebene zusammengeschlossen. Die Städte der Altmark und Prignitz sowie die der Mittel- und Uckermark waren jeweils ein Bündnis eingegangen.

Was im politischen Bereich Wirklichkeit war, eine durchgreifende Regionalisierung des politischen Lebens, läßt sich auf dem Gebiet der Kultur ebenfalls beobachten. Es fehlte an einem Zentrum, das durch sein praktisches Vorbild in die Weite des Raumes hätte ausstrahlen können, um eine integrierende Rolle einzunehmen. Eine solche Funktion hätte nur von einer reichen Bürgerstadt, die sich durch ihre Handelsaktivitäten und ein differenziertes Angebot an hochwertigen Gütern aller Art ein großes Hinterland geschaffen hätte, oder einem Fürstenhof von hoher Attraktivität geleistet werden können.

Von einer solchen Rolle war Berlin-Cölln vor 1650 weit entfernt gewesen, zumal die Doppelstadt sich zahlreichen Konkurrenten im Land gegenüber sah. Die Altmark besaß in Salzwedel und Stendal zwei leistungsstarke Kommunen. Mit Brandenburg an der Havel sowie der Handels- und Universitätsstadt Frankfurt/Oder verfügte auch die Mittelmark über zwei weitere bürgerliche Gemeinwesen von erheblicher Stärke. Selbst die ferne Uckermark mit Prenzlau, die abgelegene Herrschaft Cottbus mit der gleichnamigen Stadt sowie die Neumark mit Küstrin und Landsberg an der Warthe hatten jeweils Orte, die aus sich heraus in der sie umgebenden Landschaft zentrale Funktionen erfüllten. Daher suchen wir in dieser Epoche vergeblich nach Hinweisen auf einen märkischen Stil. Auch in den Bauwerken oder dem Kunsthandwerk finden sich dafür kaum Indizien.

Das Jagdschlößchen im Grunewald vermittelt uns noch heute einen Eindruck von den bescheidenen Anfängen höfischer Kultur unter den Hohenzollern. Allerdings belegt das eindrucksvolle Beispiel Albrechts von Brandenburg, des Bruders Joachims I., und seines Wirkens vor allem im sächsischen Halle, daß die Ursachen für diese Situation vor allem in dem Ressourcenmangel der Mark und nicht in der Person des Herrschers zu suchen sind.

So verwundert es nicht, daß Architekten und Handwerker für den Schloßbau und dessen Ausstattung vermutlich nur für kurze Zeit aus dem Sächsischen an die Spree kamen. Mit Hans Schenk, genannt Scheusslich, der 1543 Berliner Bürgerrecht erhielt, gab es wenigstens einen ersten in den Quellen nachzuweisenden Bildhauer an der Spree. Auf Hofmaler, wie sie damals üblich wurden, fehlt dagegen jeder konkrete Hinweis. Bei Bedarf erfüllten wohl sächsische Künstler diese Aufgabe.

Mit dem Glücksritter Rochus Graf zu Lynar, dessen Wurzeln in der Toskana zu suchen sind, kam im letzten Drittel des 16. Jahrhunderts ein talentierter Baumeister über Kursachsen nach Brandenburg. Er vollendete die Spandauer Zitadelle und die Peitzer Festung, deren erster Bauabschnitt zwischen 1569 und 1562 ebenfalls von einem Italiener, Chiramella di Gandino, geplant worden war. Lynar war zuvor bereits in Frankreich, der Pfalz und den anhaltinischen Fürstentümern tätig gewesen.

Seine brandenburgischen Dienste ließ er sich daher bestens vergüten. Er versorgte die kurfürstlichen Militärbauten nicht nur mit der erforderlichen Ausstattung an Pulver und Blei, sondern er ließ sich vom Kurfürsten mehrere lukrative Ämter und Befugnisse übertragen, darunter ein Monopol auf das lebensnotwendige Handelsgut Salz. Seine Schwiegertochter Elisabeth, Witwe Johann Casimirs zu Lynar, sollte die so erworbenen Reichtümer sicher anlegen, als sie dafür um 1621 die Herrschaft Lübbenau in der damals noch habsburgischen Niederlausitz erwarb.

Sie stammte aus der im Sächsischen beheimateten bürgerlichen Familie Distelmeier, aus der zwei tüchtige brandenburgische Kanzler hervorgegangen waren. Zahlreiche Landsleute von ihr hatte es im 16. Jahrhundert nach Brandenburg gezogen, um dort Karriere zu machen. Einige kamen auch von weit her. Der Baseler Leonhardt Thurneisser erwarb sich nicht nur als Leibarzt das Vertrauen des Kurfürsten, sondern etablierte vorübergehend auch ein bemerkenswertes graphisches Gewerbe in Berlin.

Aus der Sicht des Landes betrachtet blieben die zaghaften Bestrebungen der märkischen Hohenzollern, ihrem Haus im Zeitalter der Renaissance ein wenig sichtbaren Glanz zu verleihen, weitgehend folgenlos. Die märkischen Städte setzten bei der Verschönerung ihrer öffentlichen Bauten, vor allem Rathäuser und Stadttore, auf lokale Traditionen. In Ziegel gemauerte Treppengiebel und mit Bandwerk versehene Befestigungsanlagen, aber auch farbige, im Gebälk reich profilierte Fachwerkbauten, wie sie insbesondere in größerer Zahl für die Altmark noch vorhanden sind, zeugen von mäßigem Wohlstand und lokalen Stilbildungen.

Ein gewisser Reichtum zeigte sich beim Landadel. Er profitierte zu erheblichen Teilen von der guten landwirtschaftlichen Entwicklung, außerdem hatte so mancher als Söldner in Frankreich, den Niederlanden oder Ungarn ein kleines Vermögen erworben. Dies versetzte ihn häufiger als früher in die Lage, nicht nur seine Güter durch Landkäufe wirtschaftlich zu arrondieren, sondern auch seinen Herrschaftssitz im Geschmack der Zeit umzubauen oder in äußerst seltenen Fällen gar mit einem völligen Neubau zu zieren. So ließ Kurt Rohr in Freyenstein, an der Grenze zu Mecklenburg, ein stattliches Schloß errichten, dessen opulenter Terracottaschmuck auf Künstler des Ostseeraumes verweist und dessen bauliche Vorbilder in Mecklenburg liegen.

In der Altmark wetteiferten beispielsweise die Inhaber der mittelalterlichen Burganlagen zu Beetzendorf, Calbe, Erxleben oder Flechtingen darin, ihre Gebäude im Stil der sächsischen Renaissance zu modernisieren. Fassaden erhielten durch eine neue Anordnung der Fenster ein regelmäßiges Aussehen. Durch die Verwendung von Zwerchhäusern wurden Wohnhäuser aufgewertet. Prächtige Portale wurden entweder der Hausfront vorgeblendet oder im Torbereich neu angefügt, um eine möglichst würdevolle Wirkung zu erzeugen.

Im Gegensatz zu den weiter östlich gelegenen Teilen der Mark wurden hier sehr oft Hausteine als Schmuckmaterial eingesetzt. Erneut zeigt sich der gravierende Einfluß des sächsischen Raumes auf die Adelskultur in den südlichen und westlichen Teilen Brandenburgs. Aus dem Rahmen fielen sowohl durch ihren baulichen Schmuck als auch ihre Dimensionen zwei Schloßbauten, die weit im Westen gelegen waren, dennoch lehnrechtlich zur Mark gehörten: die Wolfsburg nördlich von Helmstedt der Familie von Bartensleben sowie das zum Schloß umgebaute Kloster Leitzkau der Herren von Münchhausen im Anhaltinischen. In beiden Fällen sind künstlerische Bezüge zum Weserraum zu erkennen.

Ansonsten wurde das märkische Herrenhaus auch weiterhin vor allem durch den Typus eines schlichten doppelgeschossigen Fachwerkbaues repräsentiert. Als Herrschaftssitze waren sie auf Grund ihrer zumeist zweigeschossigen Bauhöhe leicht zu erkennen. Überdies schützte die gesamte Anlage meist ein primitiver Graben sowie Erdwälle und Lehmmauern. Unter solchen Umständen hoben sich bereits ganz in Bruchstein und Ziegel aufgeführte Bauten wie die «festen Häuser» zu Badingen oder Lagow sowie der mit einem großen Treppenturm versehene Wohnsitz der von Klitzing zu Demerthin deutlich aus der Masse der Adelssitze heraus.

Wieder andere Familien zogen es vor, weniger auffällig Akzente an ihren Wohnorten zu setzen. Ihre Strategien zeugen dennoch sowohl von Kunstsinn als auch dem Bemühen, sich und ihrer Familie ein ewiges Andenken zu sichern: Sie gaben Epitaphien von hoher künstlerischer Qualität in Auftrag. Außergewöhnlich waren z. B. das Grabmal des Heine Brösigke in der Kirche zu Ketzür und das eines Domherren aus der Familie von Lochow in Nennhausen.

Im übrigen belegt gerade das Kirchenwesen in Stadt und Land, welche Lücke im Bereich der Künste und des Kunsthandwerks die Reformation vorerst hatte aufbrechen lassen: Der Kirchbau war zum Erliegen gekommen. Es bestand zumeist keine Notwendigkeit, den Kirchenraum neu auszustatten. Zum Schmuck der Gotteshäuser wurden fortan keine Kleinodien mehr benötigt. Der Bedarf an Kelchen und Kannen zur Feier des Abendmahls war rasch gedeckt. Allein der Kanzelbau erforderte in größerem Umfang geschickte Handwerker und Bildhauer.

In dieses Bild fügt sich auch die Situation des märkischen Bildungswesens ein. Lange war es vornehmlich an den Grad der Gelehrsamkeit des niederen Klerus gebunden gewesen. Insoweit war es sehr wichtig, daß etwa im 15. Jahrhundert der Branden-

burger Bischof Stephan Bodecker, ein Mann aus dem Volke, sich
stark dafür einsetzte, durch Reformen den Bildungsstand seiner
untergebenen Pfarrer zu heben. Davon dürften auch die wenigen Bildungseinrichtungen in den Städten profitiert haben.

Mit der Gründung der Frankfurter Universität «Viadrina»
durch den Kurfürsten und den Bischof von Lebus im Jahre 1506
wurde in erster Linie ein Zeichen der politischen Unabhängigkeit des Landes gesetzt, denn fortan sollte im Lande der Bedarf
an Gelehrten für die landesherrliche Verwaltung und die Kirche
selbst ausgebildet werden. Knapp 100 Jahre später gründete
Kurfürst Joachim Friedrich bei Grimnitz nach sächsischem Vorbild eine Fürstenschule, die auf den Besuch der Landesuniversi-
tät vorbereiten sollte.

Es ist aber zu bezweifeln, daß sich mit der Reformation das
märkische Schulwesen im allgemeinen verbesserte. Die seitdem
durch den Landesherrn, nicht mehr den Bischof, vorgenommenen Visitationen des Dorf- und Stadtklerus sorgten nicht für
eine wirkliche Hebung des märkischen Bildungswesens. Im Gegenteil, die damals erstellten Visitationsabschiede machen oft
sichtbar, daß vieles mangels ausreichender finanzieller Zuwendungen weiter im Argen lag. Ferner wird deutlich, daß es um
die Befähigung der Pfarrer und Küster in nachreformatorischer
Zeit oft schlecht bestellt war.

Der kirchliche Frieden in Brandenburg wurde zu Beginn des
17. Jahrhunderts erneut schwer belastet, als Kurfürst Johann Sigismund primär aus politischen Erwägungen zum Calvinismus
übertrat. Unter seinen persönlichen Beratern hatten schon seit
längerem die Anhänger des Calvinismus überwogen. Im Hintergrund dieser Entscheidung stand vor allem die Hoffnung auf
Landerwerb. Durch die Heirat des Kurfürsten mit Anna von
Preußen, die der älteren fränkischen Linie der Hohenzollern
entstammte, hatte die brandenburgische Linie nicht nur Erban-
sprüche auf das Herzogtum Preußen erworben, sondern auch
auf die niederrheinischen Herzogtümer Jülich, Kleve und Berg
sowie die Grafschaften Mark und Ravensberg. Die Bevölkerung
dieser wohlhabenden Gebiete im Westen des Reiches war zu einem nicht geringen Teil calvinistisch.

Während die seit 1569 bestehende Mitbelehnung mit dem durch die fränkischen Hohenzollern regierten Herzogtum Preußen durch stattliche Geldzahlungen an den polnischen König gesichert wurde, waren die Ansprüche auf das Erbe der Herzöge von Jülich und Kleve schwieriger durchzusetzen. Als 1609 diese Frage anstand, half Brandenburg vornehmlich das dort herrschende Mächtegefüge. Es kreuzten sich hier auf vielfältige Weise strategische Interessen der habsburgisch-spanischen und der niederländisch-französischen Partei mit denen der politischen Fraktionen im Alten Reich, so daß Brandenburg die Chance erhielt, sich einer der beiden Allianzen zuzuwenden. Dies verhieß im Gegenzug Unterstützung im Kampf um das verwaiste rheinische Erbe.

Johann Sigismund schlug sich auf die Seite der unter Führung der Kurpfalz stehenden calvinistischen Partei, die in Opposition zu den Habsburgern stand. Deren Feinde, die Niederlande und Frankreich, stützten die Calvinisten im Reich. 1614 kam es zu einer vorläufigen Teilung der rheinischen Besitztümer zwischen Brandenburg und dem katholischen Haus Pfalz-Neuburg. An die Hohenzollern fielen das Herzogtum Kleve, die Grafschaften Mark und Ravensberg sowie kleinere Güter. Als 1618 die fränkischen Hohenzollern in der männlichen Linie ausstarben, trat das preußische Erbe hinzu. Damit hatte sich innerhalb eines Jahrfünftes die Herrschaft der märkischen Hohenzollern in ihrer Qualität und Struktur grundlegend verändert. Den brandenburgischen Landständen als Hütern der territorialen Ordnung gefiel dies allerdings gar nicht. Für sie sollten die neuen Herrschaftsgebiete fernes Ausland bleiben. Umgekehrt sollten die Hohenzollern nie den Versuch wagen, diese Gebiete mit ihren alten Territorien enger zu verzahnen. Das verbindende Glied dieser Union blieb bis ins 19. Jahrhundert allein das dynastische Band. Die Mark Brandenburg gehörte fortan zu einer Union von Fürstentümern in der Hand einer Dynastie.

Einen ersten Vorgeschmack auf die mit der Gebietserweiterung verbundenen Veränderungen gewannen die Märker, als Kurfürst Johann Sigismund Maßnahmen ergriff, wie es auch das Reichsrecht erlaubte, seine Untertanen dem Calvinismus zuzuführen. Er hatte allerdings nicht mit den massiven Protesten seiner Bevölkerung gerechnet, wie sie in der Folge von Bürgern, Pfarrern und dem Landadel geäußert wurden. Künftig sollte ein feiner Riß durch die brandenburgische Gesellschaft gehen, denn Lutheraner und Calvinisten sollten eine sehr lange Zeit benötigen, um sich nicht mehr primär als Gegner zu empfinden.

Schließlich blieb vor allem in den Städten niemandem verborgen, welcher konfessionellen Richtung seine Nachbarn anhingen. Der allwöchentliche Kirchgang z. B. gab darüber Aufschluß. Bei allen wichtigen Familienereignissen wie Taufe, Hochzeit und Beerdigung wurde der religiöse Hintergrund des einzelnen sichtbar. Die Calvinisten forderten eigene Gottesdiensträume und Friedhöfe, um als Gemeinde im lutherischen Brandenburg Präsenz zu zeigen. Diesen Wunsch unterstützte der Kurfürst nachhaltig, was wiederum auf den heftigen Widerstand der Lutheraner stieß, welche bislang in den Kommunen allein das Sagen hatten.

Dieser politisch motivierte Schritt des Kurfürsten hatte zur Folge, daß Hofstaat und Land sich voneinander entfernten. Weder unter dem Landadel noch den Stadtbürgern folgten Familien geschlossen dem Beispiel ihres Fürsten. Wer aber am Hof als Adliger oder Bürger Karriere machen wollte, mußte selbst bei der Übernahme geringster Ämter die Konfession seines Herrschers und der Spitze des Hofes teilen. Der Kurfürst als Landesherr ging schließlich noch einen Schritt weiter: Sämtliche auch im Lande von ihm vergebenen Ämter, vor allem in den Städten, sollten in Zukunft bevorzugt mit Calvinisten besetzt werden. Die gerade erst gegründete Fürstenschule wurde calvinistisch ausgerichtet. An der Universität Frankfurt/Oder hatten nur noch calvinistische Bewerber gute Chancen, eine Professur zu erhalten.

Vorübergehend wurden die Konflikte in den Hintergrund gedrängt, als der Dreißigjährige Krieg das Alte Reich zu erschüttern begann. Wegen der Vernetzung der dynastischen Interessen weitete sich nämlich die Auseinandersetzung zwischen der calvinistischen Kurpfalz und den Wiener Habsburgern um die böhmische Krone zu einem europäischen Konflikt um die Vormacht in Mitteleuropa aus.

Davon konnte Brandenburg nicht unberührt bleiben. Man war zwar zu schwach, um in diesem Konflikt militärisch aktiv zu werden, aber die wirtschaftlichen und ökonomischen Folgen waren in Form von Münzverschlechterungen, Inflation und Preisschüben vor allem beim Getreide auch in der Mark spürbar. Dies führte zum finanziellen Zusammenbruch vieler Adelsfamilien, die sich durch den Ankauf von Gütern oder einen Schloßbau hoch verschuldet hatten. Außerdem gerieten die landständischen Kassen, welche die landesherrliche Schuldenlast wie eine Bank verwalteten, ebenfalls in eine Schieflage. Adel und Bürgertum hatten vielfach dort ihre Ersparnisse angelegt. Sie wurden in der Folge massiv entwertet.

Die ersten feindlichen Soldaten betraten Anfang der 1620er Jahre märkischen Boden, als Truppen unter Ernst von Mansfeld in der Altmark Quartier und Versorgungsgut suchten. Um die Mitte des Jahrzehnts zogen kaiserliche Truppen auf ihrem Weg ins Königreich Polen längs der Oder durch die Neumark. Sie unterstützten sehr erfolgreich die polnische Armee im Kampf gegen eine schwedische Invasionsarmee. Daher gelangte die Mark unter strategischen Gesichtspunkten frühzeitig in das Blickfeld des schwedischen Königs, der diese militärische Hilfe um jeden Preis verhindern mußte, um seine polnischen Ambitionen nicht zu gefährden. Überdies war er ein Schwager des brandenburgischen Kurfürsten.

Seit 1626 wurde die Mark somit häufig von durchziehenden Truppen heimgesucht. Dies bedeutete für die Zivilbevölkerung unendliches Leid und harte Abgaben, in der Folge die Ausbreitung von Seuchen und immer wieder Hungersnöte. Als 1631 schwedische Truppen das von kaiserlichen Soldaten verteidigte Frankfurt/Oder im Sturmangriff eroberten, ging eine brandenburgische Stadt erstmalig in Flammen auf. Bald darauf begab sich der Kurfürst, in der Hoffnung auf Schutz durch die schwedischen Waffen, in ein Bündnis mit seinem nordischen Schwager. Auch dies brachte der Mark aber keine greifbaren Vorteile.

Sie blieb strategisches Hinterland der kriegführenden Mächte, die sich im Besitz des Terrritoriums abwechselten. Dementsprechend wechselte der Kurfürst mehrfach die Seiten, ohne seine politische Lage zu verbessern. Nur noch ein weiteres Mal war Brandenburg Schauplatz eines größeren militärischen Ringens, als die Schweden 1636 den Vormarsch kaiserlicher Truppen bei Wittstock in einer blutigen Schlacht stoppten. Für die Märker besonders hart waren dagegen die folgenden beiden Jahre. 1637/38 wüteten Hunger und Pest im Land. Selten zählte Brandenburg in seiner Geschichte eine so hohe Zahl von Opfern.

Eine gewisse Erleichterung brachte der geplagten Bevölkerung der 1641 mit den Schweden vereinbarte Waffenstillstand, aber solange Militär – welcher Herkunft auch immer – sich auf märkischem Boden befand, war aus Sicht der Landleute nicht an Normalität im Alltag zu denken. Nur kurzzeitig kam der «Große Kurfürst» Friedrich Wilhelm, der seit 1640 die Mark regierte, in seine märkische Heimat. Er zog es anfangs vor, die Regierungsgeschäfte aus der Ferne zu verrichten.

Mit dem Dreißigjährigen Krieg war ein gewaltiger dynastischer Konflikt über das Land wie ein mörderischer Wirbelsturm hinweggefegt und hatte alles, was nicht mehr fest verankert war, mit sich gerissen. Dies galt sowohl für Teile der Sozialordnung als auch für das politische Gefüge. Zu Zehntausenden waren die Märker in den Wirren ums Leben gekommen, ebensoviele hatten ihr Heil in einer Flucht ohne Rückkehr gesucht.

Das über Jahrhunderte gewachsene Sozialgefüge in Stadt und Land war dadurch aus den Fugen geraten. Dorfgemeinde und Zunft bedurften der sozialen Trägerschichten, sie waren aber großenteils abhanden gekommen. Schließlich war sowohl wirtschaftliches als auch politisches Handeln auf dieser Ebene an ein lang geübtes Herkommen gebunden gewesen. Es beruhte nur zu einem geringen Teil auf schriftlicher Fixierung. Dessen Sichtbarkeit hatte auf nachrückende Schichten stets verpflichtend und legitimierend zugleich gewirkt. Dieser gesellschaftliche Kreislauf war nun unterbrochen.

Die politischen Eliten der Teillandschaften, vor allem der Landadel, waren ebenfalls von diesem Konflikt bis ins Mark erschüttert worden. Ihre ökonomische Grundlage war auf Jahre beeinträchtigt, denn ihre Gutsherrschaftsgesellschaften waren vielfach zerbrochen. Überdies hatten sie hohe Schulden. Ihre Herrschaftssitze, die ein wesentliches Merkmal ihrer adligen Existenz bildeten, befanden sich zumeist in einem desolaten Zustand. Außerdem war ein zentrales Element ihres Selbstbildes in den zurückliegenden Jahren zertrümmert worden. Sie waren keine Angehörigen eines Wehrstandes mehr. Dessen Herrschaft über Land und Leute war dadurch legitimiert, über ein im Verhältnis zu den übrigen Landbewohnern gesteigertes kriegerisches Potential zu verfügen. Dieses hatte der Adel nun verloren. Das lange Nachmittelalter Brandenburgs mit seiner dezentral organisierten Herrschaftsordnung hatte in diesem langen Krieg sein Ende gefunden.

# 4. Ländliche Gesellschaft und Residenzlandschaft im Zeitalter des Absolutismus (1648–1806/15)

Gemeinhin verbinden wir mit der Epoche nach 1650 Vorstellungen von höfischer Pracht und innerer Staatsbildung. Letzteres trifft ganz besonders auf die Geschichte Preußens zu. Aus der märkischen Perspektive gesehen verlieren diese historischen Etikettierungen aber ihren scheinbar erhellenden Glanz. So stieß der Staatsbildungsprozeß allerorten auf nicht überwindbare Widerstände in der altständischen Gesellschaft. Von der Peripherie aus betrachtet, stellte der Berliner Hof eine ferne Wirklichkeit dar, an der sich weder Städter noch Dorfadel in ihrem Lebensstil orientierten.

Dennoch steht außer Frage, daß in den folgenden 150 Jahren die Dynastie der Hohenzollern ihre europäische Machtposition erheblich ausbauen konnte. Nicht vergessen sollte man dabei jedoch die sozialen Kosten dieses Vorganges. Die Mark Brandenburg und ihre Bewohner mußten beinahe in jeder Generation für den Aufstieg der Hohenzollern einen hohen Preis entrichten, der sich bis in das letzte Dorf nachvollziehen läßt.

Unter schwierigsten Bedingungen vollzog sich der langsame, immer wieder unterbrochene Wiederaufbau der Mark und ihrer Teillandschaften nach 1640. Natürlich gab es erhebliche regionale Unterschiede in der Höhe der Kriegsschäden. So hatten die nördlichen Teile der Prignitz, die Herrschaft Ruppin und die Uckermark ebenso wie elbnahe Gebiete der Altmark besonders gelitten. Dagegen waren die Bewohner der Herrschaft Cottbus und diejenigen, die südlich der Warthe an der Grenze zu Schlesien im Herzogtum Krossen und dem Land Sternberg lebten, deutlich weniger von den kriegerischen Ereignissen betroffen gewesen. Ähnlich war es auch der Berlin-Cöllner Residenz ergangen. Als Fürstensitz war sie von den ausländischen Truppen mit einem höheren Maß an Respekt als irgendeine Landstadt in der fernen Prignitz oder Uckermark behandelt worden.

An der Lebenssituation der Märker änderte sich nach dem offiziellen Ende der Kampfhandlungen 1641 für die Bevölkerung vorerst wenig. Aus ihrem Dienst entlassene Truppen in unterschiedlicher Stärke zogen weiterhin, bis in die frühen 1650er Jahre, plündernd durch das Land. Zu allem Verdruß kam 1655 noch hinzu, daß sich der Kurfürst wegen seiner preußischen Interessen aktiv am Ersten Nordischen Krieg beteiligte. Dies brachte kurfürstliche und erneut fremde Truppen ins Land. Im Elbraum und in der Uckermark mußte die Bevölkerung bis 1660 schwere Belastungen durch wiederholte Truppenbewegungen erdulden.

Dann herrschte für ein gutes Jahrzehnt ein trügerischer Frieden, ehe 1674 schwedische Truppen in die nördlichen Teile der Mark eindrangen und dort abermals für erhebliche Zerstörungen sorgten. Grund für diesen Vorstoß war, daß der Kurfürst – eingebunden in eine breite Koalition – am Rhein gegen den König von Frankreich Krieg führte. Die Schweden standen dagegen in einem militärischen Bündnis mit Ludwig XIV. von Frankreich. Daher sollte der kurfürstliche Sieg über ein kleines schwedisches Heer bei Fehrbellin im Juni 1675 auch weitgehend folgenlos bleiben.

Das brandenburgische Heer hatte die schwachen schwedischen Kräfte von der südlichen Ostseeküste vertrieben. Im Ge-

fühl des scheinbaren Sieges mißachtete der Kurfürst aber die
energische Aufforderung des Sonnenkönigs, die Waffen nieder-
zulegen. Diese Weigerung mußten die Bewohner der westlichen
Territorien daher bitter bezahlen. Französische Truppen besetz-
ten die hohenzollernschen Territorien im Westen des Alten Reiches bis Minden und erhoben dort hohe Kontributionen, bis
Kurfürst Friedrich Wilhelm in den Frieden einwilligte.

Um am Kriegsgeschehen aktiv teilzunehmen, hatte der Kurfürst in den frühen 1650er Jahren begonnen, seine Untertanen
mit neuen schweren Steuern zu belasten, die dem Unterhalt eigener Truppen dienten. Hier lag der Schlüssel für die Innenpolitik der kommenden hundert Jahre. Die Mehrzahl aller Modifikationen im Verwaltungsapparat, deren Einzelheiten uns nicht
beschäftigen müssen, waren dem Umstand geschuldet, die Ein-
treibung und Verwaltung der Steuern optimieren zu müssen.

Der merkantilen Politik der Kurfürsten und Könige, die sich
in einer Flut von Verboten zum Schutz der einheimischen Wirtschaft vor Konkurrenz, zahlreichen kostspieligen Versuchen zur
Ansiedlung neuer Gewerbe und der Anlage von Manufakturen
niederschlug, lag der Gedanke zugrunde, konsumbedingten
Geldabfluß zu vermeiden. Vorhandenes Kapital sollte möglichst
im eigenen Land verbleiben. Dahinter stand auch die Absicht,
die Steuerkraft der Untertanen und damit die Einkünfte der
Monarchie zu stärken. Wie man die Innenpolitik dieser Epoche
auch betrachtet, ihr fiskalischer Grundzug zugunsten eines
wachsenden Militärapparates wird stets sichtbar.

Im berühmten brandenburgischen Landtagsrezeß von 1653,
dem letzten seiner Art, wurde diese Richtung bereits vorgege-
ben. Die Ritterschaft gestand dem Landesherrn höhere Abgaben ihrer Bauern für den Unterhalt des Heeres zu. Im Gegenzug
gewährte der Kurfürst ihnen weitgehend freie Hand bei der
Neuordnung der ländlichen Gesellschaft auf ihren Gütern.
Nicht grundlos wurde daher diese Übereinkunft als ein die
künftige Entwicklung des brandenburgisch-preußischen Lan-
desstaates prägender Herrschaftskompromiß angesehen.

Die Lokalgewalten standen nach 1650 vor einer schwierigen
Aufgabe. Das soziale und ökonomische Gefüge des ländlichen

Raumes mußte nach Jahrzehnten des kriegsbedingten Stillstandes und der Zerstörung wieder belebt werden. Menschen mußten nach Jahren der Ordnungslosigkeit in neuen herrschaftlichen, personalen und räumlichen Kontexten zu einem Miteinander genötigt und angehalten werden.

Überdies lahmte für eine Weile die Agrarkonjunktur, denn es fehlte an Konsumenten. In dieser Situation stellte es für die Mehrzahl der Lokalgewalten, die nicht vom Krieg profitiert hatten, einen Kraftakt dar, sowohl ihren eigenen Lebensstil materiell abzusichern als auch Gelder für den Aufbau ihrer Dörfer bereitzustellen. Schließlich waren ihre Gutsanlagen und Herrenhäuser ebenso wie ihre Dörfer oft in Verfall geraten.

Sieht man von einigen Obristen ab, die im Krieg Reichtum erstritten hatten, so verfügte zwischen 1650 und 1690 kaum eine Familie des märkischen Landadels, die allein auf landwirtschaftliche Einkünfte angewiesen war, über Vermögen, um sich ein neues Herrenhaus, gar ein Schloß bauen zu können. Nur Hofadlige und Militärs wie die Familie von Börstell konnten es sich leisten, in den 80er Jahren mit Hilfe von Hofkünstlern in Hohenfinow ein außergewöhnlich prächtiges Schloß errichten zu lassen. Instandsetzungen älterer Gebäude, kleine Modernisierungen in Form von Bauzier und die Renovierung der Dorfkirchen standen zumeist im Vordergrund. In letzteren mußte häufig das gesamte mobile Inventar durch den Patronatsherrn wieder angeschafft werden.

Neu ankommende, nach einer Bleibe suchende Landleute brachten selten Vieh und Saatgut, Geräte und Gesinde mit, um eine funktionierende Ackerwirtschaft einzurichten. Der Gutsherr mußte statt ihrer in Vorleistung treten. Nur ehemalige Söldner boten gelegentlich Geld für intakte Hofstellen und eine günstige persönliche Rechtsstellung.

Daher griffen zahlreiche Adelsfamilien zu dem Ausweg, ihre Eigenwirtschaften auf Kosten des Bauernlandes zu vergrößern und die vorhandene dörfliche Bevölkerung, häufig Kleinbauern und weitgehend landlose Dorfbewohner, mit neuen Lasten zu beschweren. Gesindezwangsdienst und Formen von Leibeigenschaft erschienen vielerorts als geeignete Mittel, dringend benötigte Untertanen dauerhaft an die Güter zu binden. Allerdings ist es schwer, darüber flächendeckende Aussagen zu treffen. Dazu variierten die Verhältnisse selbst innerhalb einer Teilland-schaft wie der Altmark oder Prignitz zu stark.

Nicht minder bedrückend und perspektivlos sah es oftmals in den Städten aus. Alte Handelsverbindungen waren zum Erlie-gen gekommen. Das Gewerbe stockte. Selten wirkte kurfürstli-che Politik so unmittelbar belebend auf wirtschaftliches Gesche-hen ein wie im Fall des zwischen 1662 und 1668 fertiggestellten letzten Teilstücks des Oder-Spree-Kanals. Er stellte eine durch-gehende Wasserverbindung zwischen Breslau und Hamburg her, von der vor allem Berlin als Handelsort profitieren sollte.

In einigen Kommunen blieben für lange Zeit bis zur Hälfte aller Häuser unbewohnt. In der Altmark erreichten nur Gar-delegen und Tangermünde bis 1800 wieder eine Einwohner-stärke, wie sie um die Mitte des 16. Jahrhunderts bestanden hatte. Nur auf niedrigem Niveau konnte das Wirtschafts-leben erneuert werden. Die Befriedigung von Grundbedürf-nissen stand zumeist im Vordergrund. Hemmend wirkte sich ferner aus, daß aus fiskalischen Motiven Stadt und Land in gewerblicher Hinsicht scharf getrennt waren. Über die Gewerke des traditionellen Landhandwerkes hinaus durften sich keine Gewerbetreibenden in den Dörfern der Mark niederlassen. Nur so ließ sich mittels der allein in den Städten erhobenen Akzise deren wirtschaftlicher Ertrag optimal besteuern. Daher beruhte das märkische Gewerbeleben bei allen regionalen Un-terschieden vor allem auf Textil- und Lederhandwerkern (Schuhmacher), Bäckern und Knochenhauern, die in erster Linie für einen lokalen Markt produzierten. Während die Bedeutung des Brauwesens zurückging, nahm die der Brannt-weinbrennerei zu.

Jeder Zuzug aus der Fremde war in wirtschaftlicher Hinsicht ein kleiner Gewinn für die verarmten städtischen Gemeinschaf-ten, aber die soziale Integration bereitete zumeist Schwierig-keiten. Es bedeutete daher nicht immer eine große Hilfe, wenn der Kurfürst und vereinzelt Lokalgewalten vornehmlich reformierte Flüchtlinge (Niederländer, später Hugenotten und

Pfälzer), die über andere Fertigkeiten als die Einheimischen verfügten, ins Land holten. Der Anbau von Tabak und Gemüsen,
die Herstellung von Keramiken oder feinen Textilien ging auf
sie zurück.

Vor allem im näheren Umfeld der Residenz wurden künftig
calvinistische Flüchtlinge angesiedelt. Sie erhielten einen kirchlichen und rechtlichen Sonderstatus, der sie von der einheimischen Bevölkerung im Sozialleben klar abgrenzte. Berlin und
sein Umland hoben sich dadurch aus der altständisch und
lutherisch geprägten Mark allmählich heraus. Dort formier-
te sich eine Gesellschaft von besonderer Staatsunmittelbar-
keit, deren Grundlage Herkunft, Konfession und Fürstendienst
bildete.

Der kontinuierliche Zuzug Reformierter und einige konfes-
sionelle Entscheidungen des Hofes führten schon in den 1660er
Jahren zu heftigen innenpolitischen Querelen. Zahlreiche lutherische Geistliche wurden durch den Kurfürsten ihres Amtes ent-
hoben. Ihre Anhänger klagten heftig und polemisch über die
Ausbreitung des Calvinismus im Lande. Dessen Vertreter waren
sich dagegen sicher, bei ihren nicht minder verletzenden Gegen-
attacken immer die Unterstützung des reformierten Kurfürsten
und seines Hofes zu finden.

Die brandenburgischen Landstände waren schließlich höchst
empört. Daher nahmen sie 1664 den Wunsch des Kurfürsten,
ihm eine finanzielle Hilfe für die Befestigung der Berliner Residenz zu gewähren, zum Anlaß, eine Debatte über das Miteinander der Konfessionen zu erzwingen. Gegen kurfürstliche Widerstände setzten die lutherischen Stände nach vierjährigem Ringen
1668 durch, daß in einem erneuerten landesherrlichen Edikt
beide Konfessionsparteien zur Duldsamkeit im Umgang miteinander angehalten wurden.

Behoben war der Konflikt damit nicht. Denn der Berliner Hof
sorgte dafür, daß in den Städten und in Regierungsämtern weiterhin bevorzugt Calvinisten mit Ämtern betraut wurden. Dies
galt für die neumärkische Regierung in Küstrin ebenso wie für
die Inhaber von städtischen Richterstellen. Auch blieb den Lan-
deskindern nicht verborgen, daß von Friedrich III. – dem seit

1688 regierenden Kurfürsten, der sich 1701 als Friedrich I. zum König in Preußen krönen ließ – und seinem Nachfolger Friedrich Wilhelm I. vor allem für calvinistische Gemeinden prächtige Kirchbauten errichtet wurden.

Damit wurde natürlich dem kräftigen Zuzug reformierter Flüchtlinge aus Frankreich nach 1685 Rechnung getragen. Sie wurden weiterhin zum allergrößten Teil in der Residenz angesiedelt. In herrschaftsfernen Gebieten wie der Prignitz und der Neumark unterblieb jeder Versuch in diese Richtung. Außerhalb dieses von der Monarchie geprägten Raumes zeigte die landesherrliche Peuplierungspolitik nur geringe Erfolge. So scheiterte etwa 1688/89 der Versuch, einer größeren Zahl piemontesischer Waldenser im lutherischen Stendal eine neue Heimat zu geben.

Dagegen wurden an der Peripherie der Residenzlandschaft in Prenzlau und Frankfurt/Oder bereits bestehende reformierte Gemeinden durch Ansiedlung von Hugenotten verstärkt. Das im Besitz einer Nebenlinie der Hohenzollern befindliche Städtlein Schwedt an der Oder erhielt ebenfalls eine französische Gemeinde. Ansonsten wurden hugenottische Familien in der Uckermark und der östlichen Mittelmark nur auf Gütern reformierter Hofadliger oder aber in den landesherrlichen Ämtern im Umland der Residenz auf Dauer heimisch.

Damit verstärkte der Landesherr einerseits den Kreis derjenigen im Lande, die in einer besonders engen Bindung zur Monarchie und deren Herrschaftsapparat standen, und andererseits förderte er auch das Gewerbepotential seiner Residenzlandschaft. Um 1700 stellten die Hugenotten 15 Prozent der Einwohnerschaft der Residenz. Unter den Gewerbetreibenden lag ihr Anteil noch höher. Dieser Raum wurde zur wichtigsten Steuerquelle der Mark Brandenburg.

Die Zeit um 1700 war in Brandenburg nicht nur durch eine anziehende Agrarkonjunktur, sondern auch 1682/83 und 1708/09 durch Pesteinbrüche und 1696–1698 durch eine schwere Hungersnot infolge von Mißernten geprägt. Die Mark blieb von den schweren kriegerischen Verwicklungen des Reiches im Zuge des Spanischen Erbfolgekrieges und des Zweiten

Nordischen Krieges aber verschont. Die Kriegsfurie traf lediglich das Herzogtum Preußen und vor allem die westlichen Provinzen.

Der Versuch Friedrichs I., als König in Preußen seine Union von Territorien zwischen Maas und Memel durch ein königliches Band mit größerer Autorität zu umschlingen, bezahlten seine Untertanen mit höheren steuerlichen Belastungen. Zu den alten Biergeldern und Landschößen sowie Kontributionen und Akzisen kam eine Kopfsteuer hinzu. Sie war die effektivste Steuerart, weil sich ihr keiner zu entziehen vermochte. Außerdem wurde eine Reihe neuartiger Steuern wie die Stempelsteuer, eine Abgabe auf Perücken, Kaffee, Karossen oder Spielkarten, um nur einige zu nennen, erhoben.

Dennoch stieg der Wohlstand im Lande. Dafür waren mittelbar die kriegerischen Verwicklungen in Europa verantwortlich. Märkische Landwirte und Kaufleute profitierten davon, daß viele Handelswege im Westen und Osten des Alten Reiches durch Kampfhandlungen über Jahre blockiert waren. Über die Elbe konnte für ein gutes Jahrzehnt märkisches Getreide in großen Mengen zu guten Preisen exportiert werden.

Getrieben von einem enorm gesteigerten Repräsentationswillen sorgte Friedrich III./I. überdies dafür, daß in der Residenz seit den frühen 1690er Jahren ohne Unterlaß gebaut wurde. Schließlich mußte er sich seinen dynastischen Standesgenossen im Reich und darüber hinaus als ein respektabler König präsentieren. Dieses Mal inspirierte der Landesherr sogar eine Reihe seiner Höflinge und einige Landadlige durch sein Vorbild. Die Herrenhäuser in Kossenblatt, Prötzel und Friedersdorf zeugen noch heute vom Geschmack seines Hofadels.

Dank einer Anspannung aller Kräfte, welche die Monarchie zu mobilisieren vermochte, verwandelte sich das Gebiet zwischen Berlin und Potsdam, zwischen Oranienburg und Köpenick, zwischen Altlandsberg und Königswusterhausen binnen zweier Generationen zu einer fürstlichen Sonderzone innerhalb der Mark. Sie war mehr als nur eine Residenzlandschaft, in der sich die Monarchie der höfischen Welt zeigte. Sie entwickelte sich zum wichtigsten Wirtschafts- und Finanzraum, zum Verwaltungszentrum sowie zum Kriegslager der Hohenzollernherrschaft.

Ermöglicht wurde dies durch eine langfristig angelegte Politik, die von einer räumlichen Konzentration der vom Fürstenstaat getätigten Investitionen getragen wurde. Eine Strategie, die auch anderwärts im Reich und in Europa zu beobachten war. So hatten die brandenburgischen Herrscher seit der Mitte des 17. Jahrhunderts systematisch den Landadel aus diesem Raum verdrängt, um jeden Konflikt mit dem organisierten Ständetum auszuschließen. Das Berliner Bürgertum als politischer Corpus war seit langem entmündigt. Trotz wachsender Einwohnerzahlen verfügte die Kommune über keinerlei Einfluß.

Die Residenz hatte durch die Ansiedlung der Hugenotten überdies einen hohen Anteil loyaler, kulturell prägender und staatsnaher Bürger erhalten. Nur dort wurden Manufakturen mit Steuermitteln gefördert. Schließlich hatten sich im Umfeld der Residenzlandschaft auf dem Barnim und im Land Lebus zahlreiche ebenfalls zugewanderte reformierte Adlige, die über Generationen im Hofdienst stehen sollten, angesiedelt.

Diese besondere soziale Lage ist nachdrücklich zu betonen, um nachvollziehen zu können, warum sich die übrigen Teile der Mark von dieser Entwicklung zunehmend abgekoppelt sahen. Nirgends stieg die märkische Bevölkerung rascher an als in der Residenzlandschaft. Während etwa die altmärkischen Städte bis 1700 nur einen geringen Teil der Kriegsverluste vor 1650 aufgeholt hatten, erhöhte sich in dem Zeitraum bis 1710 allein die Einwohnerzahl der aus fünf zuvor unabhängigen Gemeinden bestehenden Haupt- und Residenzstadt von ca. 10 000 auf fast 55 000 und damit auf einen Anteil von über 20 Prozent aller Bewohner der Kurmark, d.h. sämtliche Gebiete westlich der Oder, die gut 300 000 Menschen zählte. Auf einem Quadratkilometer lebten im Durchschnitt 12 Personen.

Ihr Alltag war nach wie vor entweder durch die kleinen geschlossenen Lebenswelten ihrer Guts- und Grundherrschaften oder durch das enge Miteinander in nachmittelalterlichen Stadtgemeinden geprägt. Ein anschauliches Bild dieser in sich ruhenden Welt vermittelt uns das zeichnerische Werk Daniel Petzolds aus der Zeit um 1710. Dieses Dokument ist singulär für die ältere märkische Kulturgeschichte.

Was änderte sich in diesen kleinen Welten, wenn in der Residenz neue Behörden und Kontrollorgane geschaffen und immer neue Regelungen aufgestellt wurden, die das Wirtschaften in Stadt und Land, aber auch die dortige Herrschaftspraxis berührten? Im Grunde weniger als gemeinhin angenommen, denn soziale und ökonomische Rückständigkeit schützten sämtliche Personengruppen, die in einen traditionellen Lebensstil eingebunden waren, vor staatlichen Eingriffen.

Außerdem ließen sich die ständischen Privilegien nicht außer Kraft setzen. Der Landesherr konnte sie nur überformen, um ihnen langfristig ihre Wirkung zu nehmen. Letztlich berührte die überbordende landesherrliche Wirtschaftsgesetzgebung in der Mark zumeist nur das Manufakturwesen der Residenzlandschaft, während die Lebenswelten der Zunftbürger und der Landwirte nur am Rande gestreift wurden.

Es fehlte an realen Ansatzpunkten und Mitteln für einen effektiven Durchgriff auf die ständischen Lebenswelten. Gewiß hatte der Landesherr nach 1650 ein eigenes Postwesen ins Leben gerufen, um die Kommunikation zu verbessern. Die Anzahl untergeordneter Amtsträger in den Städten und in den fürstlichen Ämtern war laufend gesteigert worden, aber ihre Zahl blieb im Verhältnis zu den Untertanen dennoch gering.

Überdies gab es weiterhin keine dauerhaft etablierte landesherrliche Verwaltung in den märkischen Teillandschaften, die für die Lokalgewalten und deren Untertanen in einem umfassenden Sinne zuständig gewesen wäre. Der berühmte Landrat führte seine Amtsgeschäfte von seinem Rittergut aus und pflegte Kontakte zu seinen Standesgenossen. Nur im Notfall bereiste er seinen Verwaltungsbezirk.

Seit 1720 wurden die Kriminalgerichte der Lokalgewalten aus der Distanz stärker kontrolliert, wenn sie Körperstrafen verhängten, ferner mußten sie nachweisen, zügig Recht zu sprechen. Bei sämtlichen Entscheidungen von Belang, ob es sich um Streitigkeiten der Lokalgewalten untereinander oder mit ihren Untertanen handelte, mußten in der Regel aus der fernen Residenz Kommissionen angefordert werden. Die Regelung ihrer Reise- und Versorgungskosten nahm oft den größten Raum ein. Sie benötigten daher oft Jahre, um zu Entscheidungen zu gelangen.

Selbst das ausufernde Steuerwesen blieb auf der Ebene der Teillandschaften der Mark fest in der Hand der Landstände bzw. der Lokalgewalten und der Gemeinden. Sie sammelten die Gelder ein und prüften die Grundlagen der Steuerveranlagung. Schon ein kurzer Blick in die handbuchartige Schrift des Kriegs- und Domänenrates Thile über das Steuerwesen des ländlichen Raumes aus dem Jahre 1739 läßt uns ahnen, daß die genauen Modalitäten nur vor Ort bekannt waren. Die Rolle der Zentralgewalt beschränkte sich in dem Geschehen darauf, den Weg des Geldes und die Abrechnungen zu kontrollieren. Auffällig ist jedoch, daß diese Akten sehr rasch von Amtswegen vernichtet wurden.

Auch das Schulwesen ist ein Beispiel für die Diskrepanz zwischen Anspruch und Wirklichkeit. Schon König Friedrich Wilhelm I. hatte vollmundig ein Schulreglement erlassen, das aber nur selten befolgt wurde. Der Zustand der Schulen hing davon ab, wieviel an Geld und Energie die Lokalgewalt zu investieren bereit war. Es war schon ein großer Erfolg, wenn im Winter mit einer gewissen Regelmäßigkeit Schulunterricht abgehalten wurde. Der pädagogische Ernst eines Herrn von Rochow auf Reckahn in der Zauche im späten 18. Jahrhundert ließ sämtliche landesherrlichen Bemühungen auf diesem Feld weit hinter sich.

Dennoch setzte das Königtum im 18. Jahrhundert auch landesweit Zeichen, die von seinen Untertanen respektiert werden mußten. Eine neue Militärverfassung ließ weder Dorf noch Stadt aus. Mit dem Kantonsreglement wurde nach 1733 ein erheblicher Teil der männlichen Bevölkerung von staatlicher Seite erfaßt. Allerdings blieb es weitgehend den Gemeinden vorbehalten zu entscheiden, wer bei Bedarf als Rekrut von den Offizieren abgeholt wurde. Daher wurde dieses System vielfach genutzt, um unliebsame Zeitgenossen abzuschieben.

Bei Bürgern und Bauern war das Militär keinesfalls sonderlich beliebt, auch wenn man sich mit ihm vor Ort arrangieren mußte. Schließlich war der einfache Soldat permanenter Schikane durch seine Vorgesetzten ausgeliefert. Das oft praktizierte Spießrutenlaufen bildete nur die Spitze der Brutalität im soldatischen Alltag. Mit den Prinzipien zünftiger und bäuerlicher Ehre war eine Existenz als gemeiner Soldat nicht zu vereinbaren. Außerdem blieb den Bürgern nicht verborgen, daß das Militär in den 1730er Jahren in der Neumark und der Herrschaft Cottbus gegen streikende Gesellen vorging.

Mit dem Ende der Kriege nach dem Tod Ludwigs XIV. 1715 und den damals einsetzenden Truppenvermehrungen durch die Krone wurde es nötig, über das gesamte Land verteilt Militär in den Städten einzuquartieren. Da es in den Landstädten aber keine Kasernen gab, wurden die Soldaten zwangsweise in Kleingruppen auf die Bürgerhäuser verteilt, was oft zu sozialen Konflikten zwischen den unter einem Dach lebenden Parteien führte.

Natürlich war ein Großteil der Truppen in der Residenzlandschaft, wo auch, wie etwa in Potsdam, Kasernen gebaut wurden, beheimatet. Doch mußten die märkischen Landstädte im Verhältnis zur eigenen Bevölkerung teilweise erhebliche Truppenkontingente in ihren Mauern aufnehmen. In den altmärkischen Städten schwankte der Anteil der Militärbevölkerung einschließlich der Soldatenfamilien zwischen 12 Prozent und 30 Prozent der gesamten Einwohnerschaft.

Dieser Personenkreis war jedoch nicht der Gewalt des städtischen Rates unterworfen, sondern unterstand allein dem zuständigen Kommandeur. Dieser Zustand trug nicht gerade dazu bei, dort bürgerliche Lebenswelten, wie sie die beginnende Aufklärung einforderte, entstehen zu lassen. Subordination und militärischer Drill wurden in dichtem Neben- und Miteinander Teil des stadtbürgerlichen Alltags in Brandenburg.

Der militärische Grundzug verstärkte sich noch dadurch, daß viele der Soldaten außerhalb ihres Dienstes im Nebenerwerb einfache Handwerksarbeiten verrichteten. Dies fiel besonders im Berlin-Potsdamer Raum ins Gewicht. Dort breiteten sich nach 1720, vom Königtum finanziert, große Manufakturen aus.

Vor allem die dezentralisierten Tuch- und Wollfabriken beschäftigten Tausende als Heimarbeiter.

Waren anfangs zahlreiche kleinere Manufakturen mit der Erzeugung von Luxuswaren beschäftigt, so trat nach 1720 der Heeresbedarf in den Vordergrund. Das immer größer werdende Heer mußte regelmäßig mit Uniformen und Ausstattungsgütern versehen werden. Im weiteren Umfeld der Residenz gehörten auch der Kupferhammer in Eberswalde und die dortigen Messingwerke dazu. In größerer Entfernung lag allein die königliche Spiegelmanufaktur in Neustadt/Dosse.

Zwar kam es gegen Ende der 1730er Jahre zu einem krisenbedingten Rückschlag, der zahlreiche Manufakturen wirtschaftlich in die Knie zwang. Staatliche Zuschüsse in großem Stil sorgten aber dafür, daß die Protoindustrialisierung im Berliner Raum nicht zum Stillstand kam. Die beiden alsbald ausbrechenden Schlesischen Kriege, in denen der Sohn Friedrich Wilhelms I., Friedrich II., dem Haus Habsburg das Herzogtum Schlesien raubte, bedeuteten für die Mark keinen sonderlichen Einschnitt.

Das Land wurde nicht von feindlichen Heeren heimgesucht. Allein im Jahre 1744 schien es kurzzeitig so, als ob habsburgische Kavallerie auf Berlin vorstoßen würde. Friedrichs Heer hatte sich gerade fluchtartig aus Böhmen nach Schlesien zurückgezogen. Bereits auf die Nachricht vom Nahen feindlicher Truppen hin waren die Berliner Bürger aus ihrer Stadt geflüchtet. Dies vergaß der König nie.

Im Siebenjährigen Krieg mußten die Märker dagegen einen hohen Preis für die ehrgeizige Politik ihres Herrschers zahlen. Die Altmärker entrichteten wiederholt an französische Kräfte Kontributionen. Die Uckermärker sahen sich erneut schwedischen Forderungen ausgesetzt. Besonders hart traf es jedoch die Neumärker. Mehrfach stießen große russische Truppenverbände bis an die Oder vor. Sie lieferten sich mit dem preußischen Heer heftige Gefechte. Zerstörte Dörfer und erhebliche Verluste an Menschen und Vieh waren die Folge. Dieses Mal war auch die Residenzstadt von Kontributionen und Zerstörungen in der Rüstungsindustrie betroffen.

Für die Brandenburger insgesamt war jedoch weit folgenreicher, daß ihr König sie während des Krieges mit Hilfe von minderwertig geprägtem Geld systematisch ausplünderte. Durch seine Soldaten wurde das Falschgeld, das die staatlichen Steuereinnehmer nicht akzeptierten, in Umlauf gebracht. Nach Kriegsende ließ der König diese Münzen zu seinem Vorteil wieder rasch aus dem Verkehr ziehen. Damit löste er eine schwere, sich über mehrere Jahre hinziehende Wirtschaftskrise aus. Diese Aktion wurde in der Öffentlichkeit aber den Juden angelastet. Niemand erfuhr, daß der König unter anderem auf diese Weise seinen Kriegsapparat zu wesentlichen Teilen finanziert hatte.

Dennoch sollte man die Anstrengungen des Königs nicht vergessen, die Landeskultur zu heben und die Kriegsfolgen abzumildern. Konsequent wurden von ihm die Woll- und Tuchmanufakturen, ganz besonders aber die Seidenindustrie im Berliner Raum gefördert. Die erfolgreiche Binnenkolonisation im Oder- und Warthebruch, aber auch im Havelland in einem Gesamtumfang von etwa 300 Neusiedlungen erhöhte die Anzahl der Landeskinder und die der Steuerpflichtigen leicht. Finanzielle Zuwendungen sollten der durch die Kriegsjahre in Schulden geratenen Ritterschaft helfen. Allerdings konnten diese Zuwendungen die vom König allein zu verantwortenden Kriegsschäden bei weitem nicht kompensieren.

An der Breite der getroffenen Hilfsmaßnahmen zeigt sich jedoch überdeutlich, daß der monarchische Staat im 18. Jahrhundert an Handlungsfähigkeit hinzugewonnen hatte, und daß in der Bürokratie ein Bewußtsein dafür gewachsen war, wie sich durch Interventionen steuernd in den Wirtschaftsprozeß eingreifen ließ.

Gleichwohl ist zu betonen, daß diese tieferen Wirkungszusammenhänge oft erst im nachhinein klar erkannt wurden. So gelang es der Monarchie nicht, die sich allmählich überlebende Agrarverfassung gegen den Widerstand adliger Kräfte zu reformieren. Vielmehr war es die günstige Agrarkonjunktur, die gegen Ende des Jahrhunderts Bauern vielerorts die finanziellen Mittel an die Hand gab, sich aus eigener Anstrengung von Leistungen an ihre Herren freizukaufen.

Die Reform des Justizwesens kam erst in Fluß, als die Stände die erforderlichen zusätzlichen Gelder zusagten. Das unter Friedrich II. begonnene und schließlich mit den adligen Kreisständen verhandelte Allgemeine Preußische Landrecht schrieb deren Teilhabe an der Herrschaft über den ländlichen Raum fest. Es rüttelte nicht an den lokalen Besonderheiten und den ständischen Privilegien. Auf königlicher Seite kam es nur zu einer neuen, funktionsständischen Sichtweise der überkommenen Ordnung.

Grundlegende Veränderungen der ländlichen Sozial- und Wirtschaftsordnung waren ohnehin nicht auf gezielte staatliche Eingriffe zurückzuführen. Betrachtet man z. B. den Sozialkörper der Mark ein wenig genauer, dann wird ein erheblicher innerer Wandel der Ritterschaften zwischen 1600 und 1800 sichtbar. Wenige, bis heute bekannte Namen unter den Adelsgeschlechtern verstellen den Blick dafür, daß die Adelsstruktur alles andere als stabil war. Tradition hatte auch im Adel Züge eines Mythos. Schon um 1700 war über die Hälfte der märkischen Familien, die dort 100 Jahre zuvor gelebt hatten, ausgestorben oder sie hatten das Land verlassen. Dies gilt ganz besonders für die der Residenzlandschaft nahen Gebiete wie Havelland, Teltow und die beiden Barnim. Dort bildete der altbrandenburgische Adel innerhalb der Ritterschaft eine Minderheit.

Aber auch die räumliche Struktur adliger Herrschaft veränderte sich massiv. So sank etwa in der Uckermark die Anzahl gutsfreier Bauerndörfer auf deutlich unter 50 Prozent, während in der Altmark der Anteil dieser Dörfer an der Gesamtzahl relativ stabil bei über 70 Prozent blieb. Zieht man die Dörfer der Kur- und Neumark sowie der damals sächsischen Niederlausitz heran, dann befand sich um 1600 in 68 Prozent der 1040 Adelsdörfer ein einziger Adelssitz. Um 1700 hatte sich dieser Wert bei nun 1312 Adelsdörfern schon auf 82 Prozent erhöht, und um 1800 hatte sich die Anzahl der Dörfer mit nur einem Rittersitz auf 92 Prozent der jetzt 1241 Dörfer nochmals vergrößert.

Diesem Befund widerspricht nicht, daß bis um 1700 die Anzahl der adligen Güter anstieg, um erst dann wieder zurückzugehen. Hinter diesen Zahlen verbirgt sich eine der gravierendsten Veränderungen in der Agrargesellschaft dieser Zeit. Es kam zu einer Konzentration des adligen Besitzes. Dies hatte tiefgreifende Folgen für eine wachsende dörfliche Gesellschaft und ihr Verhältnis zur Herrschaft. Man stand im Dorf nicht mehr wie bisher mehreren Herren gegenüber, sondern nur noch einem mächtigen Herrn. Die Anzahl der Vollbauern stagnierte oder ging zurück. Eine immer größer werdende Anzahl von landarmen Kossäten (Kätnern) und Büdnern (Häuslern), die ihr Auskommen überwiegend durch Arbeit auf dem Gut fanden, bevölkerten das Dorf. Dies steigerte wiederum die Abhängigkeit vom Grundherrn.

Bemerkenswert ist, daß in den kleinen Dörfern der Altmark um 1800 Landarme und Landlose mit einem Anteil von 30 Prozent bzw. 20 Prozent die Hälfte der Bauernschaft bildeten. In der Prignitz und Uckermark wahrte die dörfliche Gesellschaft ein anderes Gesicht. Der Anteil der Vollbauern lag etwas höher, dagegen war die Zahl der Kossäten mit etwa 10 Prozent deutlich niedriger. Statt ihrer bediente sich die Ritterschaft der landlosen Büdner, deren Anteil zwischen 29 Prozent und 33 Prozent schwankte.

Auch in den märkischen Landstädten veränderte sich allmählich die Bevölkerungsstruktur. Das traditionelle Handwerk wahrte zwar zusammen mit den Ackerbürgern seine überkommene Spitzenstellung, aber die dortige berufliche Differenzierung nahm insgesamt deutlich zu. Es verschlug in der Regel nur einzelne Handwerker dorthin, die als Perückenmacher, Strumpfwirker, Handschuhmacher oder Nadler einem bisher nicht üblichen Gewerbe nachgingen. Wesentlich häufiger gab es aber ständische und landesherrliche Amtsträger, die in den kleineren Kommunen ansässig wurden. Sie bildeten zusammen mit den Pfarrern, Lehrern und städtischen Bedienten die einflußreichste Gruppe innerhalb der Stadt. Sie prägte auch das innerstädtische Klima. Kaufleute und Unternehmer blieben dagegen eine wohlhabende Minderheit.

Die zahllosen kleinen Welten, die den märkischen Teillandschaften weiterhin ihren Stempel aufdrückten, gerieten weit weniger als die ungleich stärker überregional vernetzte Residenzlandschaft unter den Druck politischer und ökonomischer Konjunkturen, die von außen über die Mark hereinbrachen. Zur Beruhigung der dortigen Lebensverhältnisse hatte auch beigetragen, daß die Ausbreitung des Pietismus unter der Geistlichkeit, aber auch der Verzicht auf eine offensive Verteidigung des Calvinismus durch das Herrscherhaus im 18. Jahrhundert den Kirchenfrieden befördert hatten.

Im übrigen sollte man die Wirkmächtigkeit kultureller Strömungen, welche zumeist über die höfischen Zentren in das Umland ausstrahlten, sehr vorsichtig beurteilen. Im 18. Jahrhundert war die Provinzialität als prägender Zug der Mark keinesfalls auf dem Rückmarsch. Die Eliten reisten weniger als im Zeitalter der Konfessionalisierung. Es blieb einer sehr kleinen Schicht von gelehrten Städtern und kunstsinnigen Landadligen vorbehalten, durch ihre Sammlungstätigkeit, die Anlage von Gärten oder auch bauliche Aktivitäten kulturellen Anregungen aus der Fremde auf märkischem Sand den Boden zu bereiten. Dem Berliner Hof kam dabei keine besondere Vorreiterrolle zu.

Eine intellektuelle Bewegung wie die Aufklärung mochte in Berliner Salons heftig diskutiert werden, von wo sie auch in einige Gutshäuser ausstrahlte. Berlin hatte sich im letzten Drittel des 18. Jahrhunderts zu einem der wichtigsten Verlagsorte im Norden des Alten Reiches entwickelt. Der märkische Pfarrer, der kleinstädtische Kaufmann oder Lehrer aber werden all dies nur aus der Ferne und in Bruchstücken wahrgenommen haben.

Es bedurfte schon eines Paukenschlages wie der Französischen Revolution, um bis in die märkischen Bauerndörfer Wirkung zu erzielen. Dies galt vor allem für die 90er Jahre. In Teilen der Altmark fürchtete der Adel weitgehend grundlos eine Erhebung der Bauern. In der Uckermark und Prignitz rührten sich zornige Bauern und Stadtbürger. In Berlin mußten Proteste der Weber durch staatliche Organe erstickt werden.

Die alte Ordnung geriet erst mit dem Zerfall des preußischen Staates spätfriderizianischer Prägung wirklich unter Druck. Die preußische Armee erwies sich als ein stumpfes Schwert im Kampf gegen die unter dem Befehl Napoleons stehenden französischen Truppen. Binnen 14 Tagen war der preußische Staat 1806 wie ein Kartenhaus zusammengebrochen. Dies wirkte auch auf die Mark zurück. Jetzt wurde von außen der Weg für Reformen geebnet, die bisher vor allem diskutiert und nur in Ansätzen zaghaft auf den Weg gebracht worden waren.

Napoleon diktierte dem Land einen harten Frieden, der nicht nur Brandenburg hohe Kontributionen auferlegte, sondern auch die Altmark dem brandenburgischen Territorialverbund für immer entfremden sollte. Überdies mußte die Mark französische Besatzungen aufnehmen und wurde fortan als Durchmarschgebiet für die französische Armee genutzt.

Auch wirtschaftlich lag das Land auf Jahre am Boden. Die von Napoleon gegen England verhängte Kontinentalsperre mit ihren Aus- und Einfuhrverboten traf vor allem die Manufakturwirtschaft der Residenzlandschaft. Es fehlte nunmehr an Rohstoffen. So war 1809 im bedeutendsten Berliner Gewerbesektor, der Textilindustrie, die Anzahl der Beschäftigten und der Webstühle gegenüber der Vorkriegszeit um ca. 50 Prozent gesunken.

Außerdem waren die Armee als Auftraggeber sowie ihre Soldaten und Familien als Konsumenten weggefallen. Nicht weniger folgenreich für das Gewerbeleben war, daß die königlichen Bediensteten über Jahre kaum Besoldung erhielten. Auch sie mußten sich auf das Nötigste beschränken. Überdies stellten die hochverschuldeten Rittergutsbesitzer oft den Schuldendienst ein. Auch diese Einkunftsquelle der Wohlhabenden versiegte.

In dieser Situation waren die Reformgesetze des Jahres 1807, die wir mit dem Namen des Freiherrn vom Stein verbinden, ein erster politischer und sozialer Befreiungsschlag. Allerdings stand dahinter kein für Staatsapparat und Gesellschaft gleichermaßen gültiges Gesamtkonzept. Es ging um die Rettung des monarchischen Staates. Seine Machtgrundlagen sollten effektiver gestaltet werden, was aus Sicht der bürokratischen Elite nicht ohne Veränderungen des Sozialgefüges zu erreichen war.

Für das ländliche Brandenburg war es wesentlich, daß die Gutsherrschaften, die häufig den Charakter agrarischer Großbetriebe angenommen hatten, auf eine neue rechtliche Grundlage stellt wurden. Vor allem sie sollten von dem Reformpaket über Jahrzehnte ökonomisch und politisch profitieren.

In ihren Händen blieb weiterhin die den dörflichen Alltag bestimmende Patrimonialgerichtsbarkeit. Auch die gutsherrliche Polizei, das Kirchen- und Schulwesen lagen wie bisher in ihrer Verantwortung. Der Gemeindevorsteher wurde von ihnen ernannt. Bis 1872 gab es keine dörfliche Selbstverwaltung. Am politischen Leben Brandenburgs hatte die Masse der Landbevölkerung fast keinen Anteil.

Schließlich behaupteten die Gutsherren mit dem Privileg, auch in Zukunft die Landratsstellen mit Angehörigen aus ihren Reihen zu besetzen, die verwaltungstechnische Kontrolle über den ländlichen Raum. Außerdem sollte ihnen die Einrichtung von Provinzialständen die Chance bieten, als Korporation wie bisher mit erheblicher Wirkung ihre Interessen gegenüber der Bürokratie und der Monarchie zu artikulieren.

Aus Sicht bäuerlicher und städtischer Schichten wird man die Ergebnisse staatlichen Handelns zurückhaltender zu bewerten haben. Gewiß ist die sich damals immer deutlicher abzeichnende soziale Frage, d. h. die wachsende Verelendung erheblicher Teile der Dorf- und Stadtbevölkerung, nicht den damals getroffenen politischen Entscheidungen anzulasten. Sie ist eher auf einen europäischen Transformationsprozeß zurückzuführen.

Aber die Anpassung der Agrarwirtschaft an veränderte soziale und politische Rahmenbedingungen traf vor allem die Kleinbauern hart. Bekanntlich machten sie bis zu 50 Prozent der dörflichen Bevölkerung aus. Der Prozeß der Regulierung zog sich bis in die Mitte des Jahrhunderts hin und hielt damit die ländlichen Gebiete über Jahrzehnte in Spannung.

Bis 1865 erhielten die Gutsbesitzer über 400 000 Morgen Bauernland und mehr als 6 000 000 Taler als Entschädigung. Außerdem profitierten sie davon, daß in einem sich ebenfalls über Jahrzehnte hinziehenden Verwaltungsakt die Dorfflure neu gegliedert wurden. Die alte Gemengelage der Äcker und das Gemeindeland wurden neu verteilt, so daß der einzelne Landwirt nun deutlich größere Parzellen bewirtschaftete. Dies steigerte die Ertragskraft der agrarischen Betriebe.

Persönliche Freiheit gewannen die Dorfbewohner, aber der ökonomische Preis war hoch. Es bildete sich im Lauf der Jahre zwar ein stabiles Bauerntum, das über spannfähige Höfe verfügte, also Höfe, die sich ein eigenes Gespann zur Bewirtschaftung leisten konnten. Deren Anzahl verringerte sich aber bis 1870 um über ein Drittel. Dagegen vergrößerte sich der Anteil der Inhaber von Kleinbauernstellen kräftig. Ihre Zahl stieg in diesem Zeitraum um über 30 Prozent. Einen noch stärkeren Zuwachs verzeichnete die Schicht der Landarmen bzw. Landlosen, die gewöhnlich Kossäten, Häusler, Büdner oder Einlieger genannt wurde. Sie nahm sowohl die sozialen Absteiger als auch den allgemeinen Bevölkerungszuwachs auf.

In den Städten waren die Veränderungen nur auf den ersten Blick weniger spektakulär. Was bedeutete es, daß in der Stadt nicht mehr Zunftzwang herrschte, daß der Zuzug vom Dorf in die Stadt und umgekehrt nicht mehr Verboten unterlag und daß die Berufswahl nicht mehr durch eine Vielzahl von Regelungen beschränkt war? Die der städtischen Wirtschaft von oben verordnete Gewerbefreiheit brachte vielfach weder arbeitslosen Gesellen noch Kleinmeistern, die bisher mit der Versorgung eines lokalen Marktes ein karges, aber ausreichendes Einkommen erwirtschaftet hatten, einen ökonomischen Vorteil. Sie sahen sich vielmehr ungeschützt einer wachsenden Konkurrenz von auswärtigen Anbietern gegenüber, während sie nicht über die Mittel verfügten, sich neue Produktionstechniken anzueignen. Genauer betrachtet behauptete sich das alte Handwerk in seinen überkommenen Formen auf dem Lande, selbst in Berlin blieb noch auf lange Zeit vieles wie bisher. Nicht sämtliche Gewerbezweige waren von einer personalen Erosion durch unzünftige Handwerker betroffen. Doch während Bäcker und Tuchmacher an der alten Struktur festhielten, kehrten Schlosser, Tischler und Schneider in großer Zahl den Zünften den Rücken.

Nicht minder zwiespältig war in der Praxis das Ergebnis der 1808 eingeläuteten Städtereform. Sie sah städtische Selbstverwaltung verbunden mit einer Autonomie in Finanz- und Steuersachen vor. Auch das Kirchen-, Schul-, Gesundheits- und vor allem das immer wichtiger werdende Armenwesen sollten von der Gemeinde selbständig geregelt werden. Die größeren Kommunen waren nicht mehr dem königlichen Steuerrat untergeordnet, dem die alten Stadträte in den vergangenen knapp hundert Jahren über fast jede ihrer Entscheidungen hatten Rechenschaft ablegen müssen.

Ein erheblicher Teil der Kleinstädte und ihrer Organe war überdies künftig nicht mehr der Herrschaft eines Adligen oder eines Amtmannes unterworfen. Vor allem sie taten gegen erhebliche Widerstände ihrer alten Obrigkeiten einen großen Schritt in die Unabhängigkeit. Allerdings fehlte es vielfach selbst in den größeren Landstädten an einer sozialen Trägerschicht, die in eigener Verantwortung die gewonnenen Freiräume nutzte und die städtischen Geschicke lenkte.

Zunfthandwerker, staatsnahe und gering begüterte Bildungsbürger sowie eine kleine, ebenfalls mäßig begüterte Kaufmannsschicht bildeten in den meisten brandenburgischen Kommunen keine ausreichend starke soziale Basis für einen raschen Systemwechsel. So waren wegen des auf privatem Vermögen beruhenden Wahlrechtes selbst im vergleichsweise reichen Berlin nur etwa 8 Prozent der Bürger wahlberechtigt. Noch etwas niedriger lag der Prozentsatz in Potsdam. In dem Städtlein Müllrose besaßen von 1116 Einwohnern lediglich 86 Personen ein Wahlrecht.

Die sich aus diesen Kreisen formierende Honoratiorenschicht unterzog sich anfangs eher zögerlich als engagiert der ihr unerwartet zugefallenen politischen Aufgabe. Die patriotischen Hoffnungen der bürokratischen Reformer, die mit diesen Änderungen verknüpft waren, erfüllten sich daher nicht so rasch.

Überdies fielen diese grundlegenden Veränderungen des territorialen Gefüges in eine Zeit rasch wechselnder politischer Konstellationen. Vorübergehend glich der Berliner Raum einem französischen Heerlager. Die Siegermacht behandelte die Bevölkerung mit harter Hand. Aus den königlichen Schlössern wurden zahlreiche Kunstschätze nach Paris geschleppt, während der Hof im fernen Preußen Zuflucht gesucht hatte.

Mit dem Beginn des Rußlandfeldzuges 1812 wurde die Mark für die napoleonische Armee eine wichtige Etappe auf dem weiten Weg ins Zarenreich. Das Land spürte, was es bedeutete, dem Militär einer fremden Macht ausgeliefert zu sein. In großem Umfang wurden Nachschubgüter requiriert. Auch die neue preußische Armee, die entsprechend den Vorstellungen der Reformer um den General von Scharnhorst aufgebaut worden war, sollte sich an der Operation beteiligen.

Nachdem im Dezember 1812 die Nachricht von der Niederlage Napoleons auch in der Mark die Runde gemacht hatte, kam es lokal zu einigen spontanen Unmutsbekundungen über die Besatzer, ansonsten blieb es ruhig. Erst im August 1813 brachen heftige Kämpfe aus. Bei Großbeeren, Hagelberg und Dennewitz schlugen preußische Verbände unter Beteiligung der Landwehr französische Truppen.

Die Entscheidung über die weitere politische Zukunft Brandenburgs und der übrigen deutschen Territorien fiel erst im Oktober 1813. Eine Koalitionsarmee, die unter dem Kommando des kaiserlich-habsburgischen Feldherrn, des Fürsten von Schwarzenberg, stand, gewann in der mehrtägigen «Völkerschlacht» bei Leipzig endgültig die Oberhand über Napoleon.

Für das künftige territoriale Schicksal der Mark wurden die Weichen auf dem Wiener Kongreß gestellt. Dort versuchte Preußen, unterstützt vom russischen Zaren, sich das gesamte Königreich Sachsen einzuverleiben. Dieses Ziel hatte bekanntlich schon Friedrich II. vergeblich anvisiert. Der Plan stieß auf den heftigen Widerstand Frankreichs, Englands und Österreichs.

Da Preußen nicht einlenkte und eine drohende Haltung annahm, schlossen jene am 3. Februar 1815 eine geheime Defensivallianz, der sich auch Hannover, Bayern, die Niederlande und Sardinien anschlossen. Die Nachricht vom 5. März 1815, Napoleon habe Elba verlassen, verhinderte jedoch, daß die westlichen Mächte in einen Krieg gegen Rußland und Preußen eintraten. Im erneut ausbrechenden Kampf gegen den zurückkehrenden Korsen wurden die Gegensätze geglättet.

In der Wiener Schlußakte vom 9. Juni 1815 wurde ein Kompromiß fixiert, der in Sachsen und darüber hinaus dennoch helle Empörung und Unverständnis auslöste und der Preußen die nördlichen Teile der wettinischen Lande ohne das begehrte

Leipzig zusprach. Damit war eine wichtige Vorentscheidung für eine künftige Provinz Brandenburg gefallen, die mit der Mark Brandenburg des Heiligen Römischen Reiches Deutscher Nation vornehmlich den Namen gemein hatte.

## 5. Preußische Provinz und Agrarkapitalismus (1815–1945)

Aus den napoleonischen Kriegen ging ein hochverschuldeter preußischer Staat hervor, der sich nicht nur in seiner territorialen Ausdehnung, sondern auch in seiner sozialen und wirtschaftlichen Struktur vom spätfriderizianischen Preußen deutlich unterschied. Politische Elite und wesentliche Teile der Bürokratie standen jedoch weiterhin in der Tradition des Alten Staates.

Dafür sorgten sowohl die Berliner Hofgesellschaft als auch die dortige Zentralverwaltung; denn sie wirkten lange Zeit wie ein feiner sozialer Filter, in dem sich sämtliche Gegner eines hohenzollernschen Gottesgnadentums und einer defensiven Modernisierung Preußens verfingen, ehe sie in den Vorhof der realen Macht gelangten, um das Staatsschiff auf einen neuen Kurs zu bringen.

Auch die Neuformierung der Provinz Brandenburg nach 1815 erfolgte in einem konservativen Sinne, ohne allerdings altständische Wünsche zu befriedigen. In Gestalt des Generals Friedrich Ludwig August von der Marwitz hatten diese Kräfte einen prominenten Vertreter und unermüdlichen Kämpfer aus dem märkischen Adel gefunden.

Das Versprechen des Königs an seine Bürger, eine Konstitution zu erlassen, blieb unerfüllt. Statt dessen wurden 1823 Provinzialstände mit beratender Funktion ins Leben gerufen, in denen Adel und Gutsbesitzer dominierten, während die Repräsentanten der Städte und Bürger zahlenmäßig nur eine untergeordnete Rolle spielten.

Bei der politischen Neugestaltung der Provinz orientierte man sich weniger an der territorialen Vergangenheit des Raumes, als es auf den ersten Blick scheint. Mit ihr hatte die neue Ordnung allein die Vorherrschaft der Gutsbesitzer gemein. Die neue Kreiseinteilung diente der Zerschlagung der Strukturen des alten Ständetums. Die Bürokratie hoffte mit dieser Lösung, die politischen Netzwerke der märkischen Teillandschaften zu zerstören und damit den Einfluß der alten Eliten zurückzudrängen.

So zerfielen künftig die Uckermark in drei, die Prignitz und das Havelland in je zwei Kreise. Die nördlichen Teile der Neumark wurden der Provinz Pommern angegliedert. Die mittelmärkischen Kreise wurden ohne Not teilweise neu zusammengefügt. Außerdem wurden einige altbrandenburgische Gebiete mit sächsischen Ämtern verbunden sowie Frankfurt/Oder und das Land Lebus, die zuvor der Kurmark angehört hatten, mit der Neumark und der sächsischen Niederlausitz zu einem Regierungsbezirk zusammengeschlossen. Die alte Hauptstadt der Neumark Küstrin sank zur Garnisonsstadt ab.

Mit den zuvor sächsischen Gebieten wurden der Provinz territoriale Einheiten höchst unterschiedlicher Herkunft und Geschichte einverleibt. So war die Markgrafschaft Niederlausitz in habsburgischer und sächsischer Zeit weitgehend selbständig gewesen. Sie zerfiel fortan in mehrere landrätliche Kreise. Lange hatten dort die Herzöge von Sachsen-Merseburg, eine wettinische Nebenlinie, regiert. Darüber hinaus verband der Sorauer Kreis die einst der Familie der Herren von Bieberstein, später den Herren von Promnitz gehörenden Herrschaften Sorau, Forst und Pförten, die ehedem zur Niederlausitz gerechnet wurden, zu einem neuen Verwaltungsraum.

Außerdem war mit der brandenburgischen Zauche das Amt Belzig, das zum Wittenberger Kurkreis gehört hatte, vereinigt worden. Der Kreis Jüterbog-Luckenwalde umfaßte ehemalige magdeburgische Ämter wie Zinna sowie Teile des Wittenberger Kurkreises wie das Amt Schlieben sowie die nicht zur Niederlausitz zählende Herrschaft Baruth der Reichsgrafen zu Solms, die einen Sonderstatus besaß. Außerdem waren in diesen Kreis die Ämter Dahme und Jüterbog des bis 1746 bestehenden Reichsfürstentums Querfurt der Herzöge von Sachsen-Weißenfels, einer weiteren sächsischen Nebenlinie, integriert.

Im Luckauer Kreis war die ebenfalls mit besonderen Rechten ausgestattete Herrschaft Sonnewalde der Reichsgrafen zu Solms aufgegangen. Die ehemals zum Meißnischen Kreis gehörenden Ämter Finsterwalde und Senftenberg sowie die Herrschaft Doberlug, ebenfalls aus dem Merseburger Erbe, wurden auf die Kreise Calau und Luckau, die überwiegend Niederlausitzer Gebiete umfaßten, verteilt. Schließlich bildete ganz im Süden die ehemalige Herrschaft Spremberg seit 1825 einen eigenen Kreis.

Eine weitere Besonderheit der ehemals sächsischen Gebiete bildete die dort seit alter Zeit beheimatete bedeutende Minderheit der Sorben, die nach amtlichen Angaben – über mehrere Kreise verteilt – um die Jahrhundertmitte ca. 70 000 Personen stark war.

Diese zahlreichen regionalen Welten, zu denen jetzt auch die jeweils im Kreisgebiet liegenden Städte gehörten, regierte ein zumeist adliger Landrat mit wenigen Mitarbeitern, nicht mehr von seinem Rittergut, sondern von einer Kreisstadt aus. Sie wurde so gewählt, daß im Idealfall jeder Kreisbewohner sie binnen eines Tages erreichen konnte. Nur Berlin, Potsdam und Frankfurt/Oder waren nicht der Kontrolle eines Landrates unterstellt.

Über den landrätlichen Bezirken rangierten gemäß einer Verordnung aus dem Jahre 1815 die Regierungspräsidenten zu Potsdam und Frankfurt/Oder. Dazu kam noch der Raum Berlin als ein nunmehr eigener Regierungsbezirk. Über ihnen stand als Kontrollinstanz der ebenfalls in Potsdam ansässige Oberpräsident der Provinz Brandenburg.

Allerdings sollte man die Handlungsfähigkeit dieser Verwaltungsstruktur in der Fläche nicht überschätzen. Als der König 1817 durch die Gründung der Union die Spaltung der protestantischen Kirche in Lutheraner und Reformierte zu überwinden hoffte, kam es zu erheblichen innerkirchlichen Auseinandersetzungen, die schließlich auch die Gemeindemitglieder erfaßten. Den Regierungsbehörden gelang es nicht, den Konflikt rasch zu entschärfen. Erst ein Wechsel der königlichen Politik brachte Abhilfe. Von Osten kommend brach 1831 im angrenzenden Brandenburg die Cholera aus und breitete sich bis in den Berliner Raum aus. Über viele Monate hinweg brachen das öffentliche Leben, Handel und Verkehr zusammen. Es gab keine Krankenhausplätze für die Opfer. Von staatlicher Seite wurde als Gegenmaßnahme Militär eingesetzt, um die Provinz nach Osten abzuriegeln.

Ein solches staatliches Handeln wird verständlich, wenn wir uns einige Eckdaten ins Gedächtnis rufen. Das Land hatte eine Gesamtfläche von ca. 39 000 Quadratkilometern mit ca. 1,5 Millionen Einwohnern, denen eine öffentliche Verwaltung in Stadt und Land von ca. 8000 Angehörigen gegenüberstand. Nach einer Statistik von 1828 gehörten 138 Städte, 15 Flecken sowie 2783 Dörfer dazu. Späteren Angaben zufolge handelte es sich um 27 Flecken und 3073 Dörfer. Außerdem waren über den ländlichen Raum mehr als 4000 Kolonien, Vorwerke und Kleinstsiedlungen verteilt.

Weniger als 40 Menschen kamen auf einen Quadratkilometer. Damit war die Provinz selbst für preußische Verhältnisse sehr dünn besiedelt. Die Gebiete nördlich der Warthe, Teile des Ruppiner Landes, der hohe und niedere Fläming sowie die nördlichen Teile der Niederlausitz lagen teilweise noch deutlich unter diesem Durchschnittswert. Überdies trennten die zuletzt genannten Gebiete durch ihre stark ausgedünnte Siedlungsstruktur die nördlichen von den südlichen Teilen der Provinz. Ein Zustand, an dem sich bis in die Gegenwart nichts ändern sollte.

Dagegen verzeichneten Berlin und sein direktes Umland kontinuierlich einen erheblichen Zuwachs an Menschen durch Zuwanderung. Während sich zwischen 1809 und 1870 die dortige Bevölkerung um ca. 490 Prozent erhöhte, vermehrte sich zwischen 1816 und 1861 die Einwohnerschaft im Regierungsbezirk Potsdam um etwa 80 Prozent und im Frankfurter Bezirk nur um etwa 65 Prozent. Daher nimmt es nicht wunder, daß in der dicht bevölkerten Hauptstadt bereits 1820 ein adliger Kammerherr die ersten fünf Mietskasernen ohne sanitäre Einrichtungen bauen ließ. In 426 (!) Stuben, die eine maximale Größe von

25 m² hatten, mußten über 4000 Menschen ihr karges Dasein fristen. Allerdings hielt man sich dort wenig auf, denn die tägliche Arbeitszeit betrug zumeist 12 Stunden und mehr.

Ganz andere Bedingungen herrschten auf dem Land. Hier bestimmten überschaubare Gemeinschaften den dörflichen und kleinstädtischen Alltag. Die Lebenswelt der Brandenburger war, selbst wenn sie sich eines Fuhrwerkes oder der Postkutsche bedienen konnten, noch immer wesentlich durch den schlechten Zustand und den geringen Umfang des Straßensystems geprägt, dessen Bedeutung für Wirtschaftsleben wohl nicht eigens betont werden muß. Das Land war zwar eben, aber dichte Wälder und ausgedehnte Feuchtgebiete engten weiterhin den Bewegungsraum der Bewohner ein. Dies galt umso mehr, wenn das Wetter Sandpisten und andere unbefestigte Wege unpassierbar machte.

Um 1815 gab es in der Provinz nämlich nur ca. 210 Kilometer Chaussee oder andere Kunststraßen. Im Zentrum dieser befestigten Wege stand Berlin. So gab es eine Straßenverbindung nach Frankfurt im Osten und über Potsdam nach Brandenburg. Nach 1830 wurde eine Fernverbindung nach Königsberg fertiggestellt, so daß Küstrin und Landsberg mit der Hauptstadt vernetzt waren. Erst jetzt war dort eine relativ hochwasserfeste Brücke entstanden. Es schlossen sich Straßen in Richtung auf Breslau und auf Stettin an, welche die südlichen Gebiete jenseits der Oder und die Uckermark anbanden. Schließlich wurde über Treuenbrietzen und Jüterbog der Lausitzer Raum mit Berlin verbunden. Hatte das Straßennetz im Regierungsbezirk Potsdam 1852 einen Umfang von etwa 980 Kilometer, so waren es 1870 knapp über 1000 Kilometer. Im Frankfurter Bezirk war das Straßennetz bis 1870 jedoch nur auf 434 Kilometer angewachsen. Allerdings waren bis 1860 noch etwa 900 Kilometer an Kreisstraßen fertig gestellt worden, die jedoch nicht die Qualität der Kunststraßen erreichten.

Führt man sich die Anzahl der Siedlungen und die Größe der Provinz vor Augen, so ist offensichtlich, daß sich für viele Menschen fremde Lebenswelten bereits in relativ großer Nähe bedrohlich auftürmten. Die Mehrzahl der kleineren Orte war nämlich an kein Straßennetz angebunden, das diese Bezeichnung verdient hätte. Die nächsten Dörfer und die binnen weniger Stunden zu Fuß zu erreichende Stadt markierten weiterhin den Horizont der meisten Bewohner.

Mit dem Bau der Eisenbahn wuchs zumindest für die wohlhabenderen Schichten die Welt enger zusammen. Sieht man von den dünnbesiedelten Gebieten ab, so konnte man um 1870 von jedem Ort binnen eines halben Tages eine Bahnstation zu Fuß erreichen. Jetzt war eine Reise von Berlin nach Dresden nicht mehr ein mehrtägiges Unterfangen mit Pferd oder Kutsche, sondern nur noch eine Fahrt von wenigen Stunden. Nichts ließ die Entfernungen im Bewußtsein zumindest der wohlhabenden Menschen so deutlich schwinden wie der Ausbau des Schienennetzes. Jetzt wurde Reisen unabhängig von der Wetterlage dauerhaft möglich.

Im September 1838 war nach 14 Monaten Bauzeit – privat finanziert – der erste Teilabschnitt zwischen Zehlendorf und Potsdam fertiggestellt worden. Die erste Fernbahn führte 1841 über Jüterbog nach Köthen. Im folgenden Jahr wurde sowohl eine Bahnverbindung nach Stettin über Eberswalde und Angermünde als auch eine nach Frankfurt/Oder hergestellt, die bis 1846 über Liegnitz nach Breslau verlängert wurde. Seit 1844 wurde an der Strecke über Köthen und Magdeburg nach Hannover gearbeitet. Bis 1846 wurde außerdem eine Verbindung zwischen Berlin und Magdeburg über Brandenburg, Genthin und Burg hergestellt. Damit war die Hauptstadt Preußens um 1850 über das Schienennetz mit ihrem näheren und ferneren Umland verbunden. Auf Grund der günstigen Frachtraten der Eisenbahn geriet die märkische Schiffahrt trotz eines gut ausgebauten Kanalnetzes selbst bei Massengütern daher rasch ins Hintertreffen.

Mit Sicherheit trug der rapide Ausbau des Verkehrsnetzes dazu bei, daß sich seit den 1830er Jahren ein sanfter wirtschaftlicher Aufschwung nicht nur im Berliner Raum, sondern auch in Teilen des ländlichen Raumes bemerkbar machte. In den 20er Jahren war dies noch nicht abzusehen gewesen. Denn der preußische Staat hatte kräftig an der Steuerschraube gedreht, um seine Finanzen zu sanieren, und damit den Binnenmarkt gelähmt, während die jetzt eigenverantwortlichen Kommunen ohnmächtig auf den Schuldenbergen aus den napoleonischen Kriegen saßen.

Zwar stockte zwischen 1837 und 1842 sowie 1846 und 1849 nochmals die Konjunktur, zuletzt weil die Lebensmittelpreise rapide stiegen, aber im Lande stellte sich mäßiger Wohlstand ein. Der sich konsolidierende Bauernstand sowie die von der Agrarreform begünstigten Rittergutsbesitzer sorgten für eine verstärkte Nachfrage. Daher nahm auf dem Lande prozentual betrachtet das Handwerk deutlicher als in den Städten zu, auch wenn um 1850 noch 60 Prozent aller Handwerker im städtischen Milieu zu Hause waren.

Unter den Landhandwerkern stach ein Berufsfeld besonders hervor: die Bauwirtschaft. Deren Beschäftigte vervierfachten sich zwischen 1819 und 1846. Nachdem man Eigentümer seines Hofes geworden war, wurden vielerorts die alten Lehmfachwerke durch Ziegelwände ersetzt. Dank der guten Kapitalausstattung ihrer Besitzer wurden die Gutshöfe oft erweitert und zahlreiche Herrenhäuser dem Geschmack der Zeit angepaßt. Dies begünstigte, daß auf dem Lande zahlreiche Handwerksbetriebe neu entstanden bzw. sich vergrößerten.

Hinzu kam, daß in das expandierende Berlin zunehmend Baustoffe aus der Mark geliefert wurden. Auch das Nahrungsmittelgewerbe erlebte wegen der wachsenden Produktivität der Landwirtschaft einen deutlichen Aufschwung. Außerdem sorgte eine ausgedehnte Textilindustrie als spätes Erbe der preußischen Manufakturpolitik in den Landstädten und Dörfern sowie als Lieferant Berliner Firmen für Beschäftigung.

Gleichwohl gärte es in der Gesellschaft um die Jahrhundertmitte. Eigentumsdelikte aller Art nahmen ebenso wie Bettelei und Prostitution deutlich zu. Nach der schweren Mißernte von 1846 stiegen die Preise für Grundnahrungsmittel heftig. Es brach wieder einmal eine länger währende Hungersnot aus. Verschärfend trat hinzu, daß die Textilindustrie, der größte Arbeitgeber, auf Umsatzrückgänge umgehend mit Kurzarbeit und Entlassungen reagierte. Proteste im April 1847 gegen Preiserhöhungen in Berlin unterdrückte das Militär.

Kurz darauf kam es im Regierungsbezirk Frankfurt an verschiedenen Orten zu schweren Ausschreitungen, weil aufgebrachte Menschen sich gewaltsam Lebensmittel verschafften. In Schwiebus und Landsberg geriet die Lage außer Kontrolle, so daß auch dort Militär zum Einsatz kam. Über die gesamte Provinz – auf 28 Städte verteilt – stand dem preußischen Staat entweder Infanterie jeweils in Bataillonsstärke oder Kavallerie im Umfang von wenigstens zwei Eskadronen zur Verfügung, um protestierende Landeskinder notfalls rasch und entschlossen zur Räson zu bringen.

Dennoch verschärften sich im folgenden Jahr die Spannungen im Lande, denn Arbeiter und Handwerksgesellen forderten weiterhin höhere Löhne, um ihre Grundbedürfnisse befriedigen zu können, während liberale bürgerliche Kreise ausgebliebene politische Reformen anmahnten. Im Frühjahr 1848 kamen aus zahlreichen größeren Städten wie Brandenburg, Frankfurt, Cottbus und Finsterwalde, Forst und Züllichau Hilferufe der Lokalbehörden wegen Unruhen, die von hungernden Fabrikarbeitern und Arbeitslosen ausgingen. Die Berliner März-Unruhen hatten wohl als Katalysator gewirkt, der das Faß der allgemeinen Erregung zum Überlaufen brachte. Auf Drängen der Regierung wurden an einigen Orten sogar Bürgerwehren gebildet, um die öffentliche Ordnung zu sichern.

Im ländlichen Raum der eigentlichen Mark blieb es aber vergleichsweise ruhig, dagegen brachen schwere Unruhen in der Niederlausitz aus, wo sich die Landbevölkerung u. a. gegen die noch bestehende Herrschaftsgewalt der Standesherren zur Wehr setzte. Sie verlangte eine Abschaffung der Patrimonialgerichte und noch bestehender Dienste. Besonders spektakulär war der Angriff auf den Grafen Lynar zu Lübbenau. Auch in der Neumark hagelte es Proteste gegen den einheimischen Adel.

Die Strahlkraft der politischen Ereignisse in Berlin auf die Provinz war im europäischen Revolutionsjahr 1848 dennoch begrenzt. Gewiß gab es in vielen Landstädten kleinere Vereine, die sich politischer Themen annahmen, aber die soziale Basis fehlte, um die von den Honoratioren getragene lokale Ordnung nachhaltig erschüttern zu können. Wieder zeigten sich vor allem die Lausitzer als besonders streitbar, als dortige Bürger der Regierung die Steuern verweigerten. In Guben mußte Militär anrücken, um die Situation zu stabilisieren.

Seit Ende 1849 beruhigte sich die Lage im Lande zunehmend. Natürlich hatte es Wirkung gezeigt, daß die Regierung mit großer militärischer Gewalt gegen jede Opposition vorgegangen war. Andererseits konnte die Monarchie dabei auf Zustimmung bei Adel, wohlhabenden Bauern und erheblichen Teilen des besitzenden und des gebildeten Bürgertums rechnen. Die oppositionellen Kräfte waren zu schwach gewesen. Überdies hatte es auch Entgegenkommen durch die Regierung geben. 1849 waren die Patrimonialgerichte aufgehoben und damit erstmalig ein einheitlicher Gerichtsstand für alle Bewohner des Landes geschaffen worden.

In den folgenden Jahren verstärkte sich wieder die staatliche Kontrolle im kommunalen Leben, etwa durch die revidierte Städteordnung von 1853. Überdies sorgte die im allgemeinen heftig umstrittene Heeresreform dafür, daß etliche brandenburgische Städte von den Heeresvermehrungen profitierten. Die größer werdenden Garnisonen wurden ein wichtiger Wirtschaftsfaktor in der Provinz. Daher fiel es liberalen Kritikern oft schwer, für ihre Position Anhänger zu mobilisieren.

Noch schwerer war dies, seit infolge der Reichseinigungskriege 1864, 1866 und 1870/71 brandenburgische Regimenter ruhmbedeckt und siegreich von ihren Feldzügen zurückkehrten. Die etwa 3500 Gefallenen waren als ein kleines nationales Opfer leicht zu verschmerzen gewesen. Das preußisch-konservative Lager in Stadt und Land war dominierend geworden. Bis in das kleinste Dorf hielten fortan Kriegervereine Träume von nationaler Geltung und preußischem Kriegsruhm wach. Allein Teile der Arbeiterschaft standen dem nationalen Rausch des frisch gegründeten preußisch-deutschen Kaiserreichs skeptisch gegenüber.

Diese Stimmungslage spiegelte sich auch im Wahlverhalten der Brandenburger wider. Betrachtet man die Ergebnisse der Wahlen zum preußischen Abgeordnetenhaus, so herrschte das konservativ-bürgerliche Lager dank des preußischen Dreiklassenwahlrechtes bis 1918 vor. Schaut man auf die Resultate der Reichstagswahlen, die ein allgemeines und gleiches Wahlrecht zur Grundlage hatten, dann mauserte sich die Sozialdemokratie von einer Splitterpartei mit knapp über 2 Prozent im Jahre 1871 zur erfolgreichsten Partei 1912 mit einem Anteil von 47 Prozent.

Hinter diesem Stimmenzuwachs stand als Motor der sich beschleunigende Industrialisierungsprozeß, der nach der Reichsgründung 1871 zwar auch eine Reihe von Provinzstädten erfaßte, aber vor allem das Berliner Umland grundlegend umgestaltete. Fabrikanlagen und schmutzige Arbeitersiedlungen sowie Grüngebiete, die durch elegante Villenviertel aufgelockert wurden, traten an die Stelle alter dörflicher Kerne und ihrer Ackerflure.

Im Bevölkerungswachstum fand dieser Wandel seinen allgemeinsten Ausdruck. So standen 1871 etwa 820 000 Berlinern ca. 2 Millionen Brandenburger gegenüber. Im Jahre 1910 hatte sich diese Relation nur leicht verschoben: 2,07 Millionen Hauptstädter sahen sich jetzt 4,09 Millionen Provinzlern gegenüber. Während der Regierungsbezirk Frankfurt/Oder nur ein mäßiges Wachstum von gut 20 Prozent verzeichnete, war die Bevölkerung im Potsdamer Bezirk um gut 180 Prozent auf 2,86 Millionen rasant angestiegen. Mit dieser Rate ließ er sogar den Berliner Stadtkreis mit knapp 130 Prozent Wachstum hinter sich zurück.

Noch deutlicher wird das Bild der Veränderung, wenn man einen Kreis von 15 Kilometern um die alte Berliner Stadtgrenze schlägt. Um 1871 lebten in diesem Raum ca. 100 000 Menschen, um 1905 waren es mehr als 1,16 Millionen. Große Landgemeinden wie Lichtenberg, Rixdorf-Neukölln, Schöneberg und Wilmersdorf hatten sich in städtische Landschaften verwandelt. Daher erhielten sie zwischen 1898 und 1908 Stadtrechte verliehen, außerdem wurden sie zu kreisfreien Städten erhoben.

Jenseits der alten Residenzlandschaft, die im 19. Jahrhundert zu einer Industrieregion neuer Prägung herangewachsen war, erstreckte sich das weiterhin überwiegend agrarische Brandenburg mit seinen 3115 Dorfgemeinden und ca. 2000 Gutsbezirken. Im Regierungsbezirk Frankfurt lag trotz der Lausitzer Gewerbezonen der Anteil der in der Land- und Fortwirtschaft tätigen Personen bei über 50 Prozent. Industrie und Handwerk vereinigten auf sich weniger als 40 Prozent und der tertiäre Sektor, private und öffentliche Dienstleistungen, bot knapp 10 Prozent eine Beschäftigung. Auf Grund der Beschäftigungssituation läßt sich vielerorts eine starke Landflucht beobachten. Davon war die Prignitz ebenso wie große Teile der Gebiete jenseits der Oder betroffen. Eine besonders hohe Abwanderungsquote zeichnete die ehemaligen Kolonistendörfer in den Bruchgebieten aus.

Dem allgemeinen Trend stemmten sich nur wenige Stadtgemeinden der Provinz erfolgreich entgegen. So verwandelte sich das einstige adlige Städtlein Wittenberge in ein metallindustrielles Zentrum. Vor allem die Singer-Nähmaschinenfabriken und ein großes Reparaturwerk der Reichsbahn sorgten für Arbeit, so daß die Gemeinde ihre Einwohnerzahl zwischen 1871 und 1920 verdreifachte. Auch Rathenow konnte dank der Ansiedlung von feinmechanischer und optischer Industrie ein starkes Wachstum vorweisen. Besonders auffällig war auch der Aufschwung der Textilstadt Forst. Ihre Einwohnerzahl erhöhte sich von etwa 8000 (1871) auf rund 34000 im Jahre 1910. Natürlich erlebte der gesamte vom Lausitzer Braunkohleabbau um Senftenberg und Drebkau betroffene Raum ebenfalls einen kräftigen Aufschwung.

Im späten 19. Jahrhundert verstärkte sich innerhalb der Provinz der Gegensatz von Zonen hoher gewerblicher Verdichtung und Gebieten, die von der Landwirtschaft geprägt blieben. Gewiß sorgte ein immer dichter werdendes Eisenbahnnetz dafür, daß sie räumlich betrachtet enger zusammenwuchsen, aber die Distanz der Lebenswelten vergrößerte sich im Zuge der Industrialisierung. Dieser Wandel fand seinen sichtbaren Niederschlag in der architektonischen Gestalt der Mittelstädte. Die Modernität der innerstädtischen Bebauung und deren Ausdehnung wurden zum Spiegelbild des Gewerbelebens. Neben alten Fachwerkbauten wuchsen gegen Ende des Jahrhunderts immer öfter stattliche Bürgerhäuser und Fabrikantenvillen im prätentiösen Wilhelminischen Stil in die Höhe.

Im Schatten eines Gutshauses und der evangelischen Dorfkirche oder auch in den engen Gassen einer Kleinstadt mit spätmittelalterlichem Gepräge lebte es sich anders als in ebenso gesichtslosen wie anonymen Hinterhöfen von Mietskasernen oder auch in gepflegten, von Gärten gerahmten Vorstadtbauten. Im ländlichen Milieu hatten sich Formen altständischer Vergesellschaftung mit ihren feinen sozialen Abstufungen und Konventionen erhalten, während in industriellen Ballungszentren eine sich ausbreitende Klassengesellschaft soziale Gegensätze unerbittlich aufeinanderprallen ließ.

Ein latentes Unbehagen über die aktuellen Zeitläufte regte sich daher in der Gesellschaft an vielen Orten. Es gab nicht nur deutliche Vorbehalte innerhalb der Arbeiterschaft gegenüber der Monarchie und der in permanenter Bewegung befindlichen kapitalistischen Wirtschaftsordnung. Tiefe Skepsis gegenüber der industriellen Welt war auch im bürgerlich konservativen Milieu verbreitet, aber sie verband sich dort mit Verehrung des aufgeklärten Fürstentums und Wertschätzung einer funktionsständischen Gesellschaftsordnung. In den Schriften Theodor Fontanes, die ein lebendiges Bild der ländlichen Gesellschaft nachzeichneten, wurden solche Stimmungen auf vielfältige Art bedient.

Daran änderte sich auch später nichts, als der alte Fontane auf subtile Art Kritik am preußischen Adel seiner Zeit übte. Es ist zu bezweifeln, daß die große Leserschaft seiner Reisefeuilletons, die anhand seiner Ortsbeschreibungen die Mark erstmalig als einen historischen Raum erfuhr und teilweise sogar in Augenschein nahm, diese oft leisen Zwischentöne registrierte. Was Literaturkritiker und -wissenschaftler aufmerksam in Fontanes Werk verfolgten, die allmähliche Gewichtsverlagerung von den feudalen Kräften zu dem Mann aus dem Volke, dürfte nur ein kleiner Teil seines an unterhaltsamer Belehrung interessierten bürgerlichen Publikums wahrgenommen haben.

Während seines Englandaufenthaltes (1855–59) war in ihm der Gedanke gereift, die «Marken, ihre Männer und ihre Geschichte» zum Thema zu erheben. Im damals tobenden publizistischen Kampf um Preußens Führungsanspruch, der vor allem mit dem Hinweis auf eine ruhmreiche Vergangenheit legitimiert wurde, war nämlich die Mark als ein historischer Raum völlig in Vergessenheit geraten.

Im öffentlichen Diskurs war man Berliner, Preuße von Geburt oder aus Überzeugung, aber nicht Märker. Das alte Territorium hatte kaum wortgewaltige Fürsprecher gefunden, wenn man von einem Willibald Alexis absah. Im Grunde fehlte der Mark trotz ihrer langen territorialen Eigenständigkeit eine historische Identität jenseits der preußischen Geschichte und der historischen Anekdoten, die in der Öffentlichkeit wahrgenommen und auf Zustimmung gestoßen wäre.

Diese Lücke sollte Fontane mit seinen anfangs in konservativen Zeitungen erscheinenden Reisefeuilletons erstmalig füllen. Detaillierte Ortsbeschreibungen und Historisches wurden von ihm sorgfältig recherchiert und miteinander verknüpft, um der märkischen Vergangenheit Individualität und Wirklichkeit zu verleihen. Anders als in der akademischen Geschichtsschreibung zu Preußen betonte Fontane jetzt Brandenburgs grundständige Eigenart. Gerade als die Mark unter dem Ansturm der Industrialisierung vor allem auf dem Boden der alten Residenzlandschaft ihre alte Gestalt abzustreifen begann, gab ihr Fontane in seinen farbigen Erzählungen ein historisches Gesicht.

In einer sich vor allem im städtischen Raum rasant verändernden Umwelt imaginierte er eine weitgehend in sich ruhende feudale Gesellschaft. Im Grunde gab er den Berlinern, deren Stadt, wie Fontane aufmerksam verfolgte, aus der Provinz Brandenburg herausgewachsen war, den würdevollen Ort ihrer gemeinsamen Vergangenheit, die alte Mark, zurück. Preußische Tugenden, wie sie in der Presse gepriesen wurden, fanden ihre märkische Entsprechung in Fontanes literarischen Schöpfungen.

Allerdings wird oft übersehen, daß Fontanes Mark Brandenburg in ihren räumlichen und geschichtlichen Dimensionen nicht über Teile der Mittelmark hinausging. Vom Ruppiner Land bis an die Oder, zwischen Küstrin und Tamsel, reichte der geographische Bogen seiner Reisefeuilletons. Von der Altmark, der Prignitz, der Uckermark und Teilen der Neumark war nie oder selten die Rede. Im Grunde beschrieb Fontane in zahllosen

Einzelbildern nur eine märkische Kernlandschaft um die Hohenzollernresidenzen. Die seit 1815 real bestehende Provinz Brandenburg lag außerhalb seines Interesses.

Politisch gesehen brach diese Welt und das sie tragende soziale Gerüst 1918/19 mit der Abdankung der Hohenzollern jäh zusammen. Der Erste Weltkrieg hatte die Dynastie und ihr höfisch-adliges Ambiente entzaubert und damit auch das Bild der politischen Eliten deutlich getrübt. An ihrer politischen Zuversicht und dem Selbstbild, das seine inspirierenden Kräfte aus der Vergangenheit bezog, nagte fortan das Wissen um die Niederlage Preußen-Deutschlands.

Der Ausgang des Weltkrieges spülte die alte monarchische Ordnung zwar hinweg, aber der von ihr einst ins Leben gerufene nationale Machtstaat stieß in bürgerlichen und großbäuerlichen Schichten weiterhin auf breite Zustimmung, von den alten Eliten ganz abgesehen. Auf der anderen Seite vermochte die Linke ihre Gegenpositionen ebenfalls wirkungsvoll ihrer Anhängerschaft zu vermitteln. Die beiden Lager sollten sich in Brandenburg unter der jungen und ungeliebten Weimarer Republik seit den ersten direkten Wahlen zum Provinziallandtag von 1920 unversöhnlich und beinahe gleich stark gegenüberstehen.

Für die weitere Zukunft wog nicht minder schwer, daß es 1920 mit dem Groß-Berlin-Gesetz zu einer sozialen und ökonomischen Neugestaltung der Provinz kam. Schon seit 1910 hatte das preußische Abgeordnetenhaus über die Gründung von Zweckverbänden debattiert, d. h. den Zusammenschluß von Gemeinwesen, um strukturelle gemeindliche Probleme zu lösen. Aus der Provinz wurde verhalten gegen die Formierung eines Berliner Großraumes argumentiert, während sich einige arme Berliner Vorortgemeinden lebhaft dafür aussprachen.

So gab es im Berliner Norden und Osten etliche Kommunen, die ihre sozialen Aufgaben auf Grund mangelnder Einkünfte nicht lösen konnten. Sie hofften auf starke Partner, um auf deren Kosten ihre Finanzmisere zu lösen. Massenarmut und Wohnungsmangel waren die beherrschenden Themen. Die Situation verschärfte sich bei Kriegsende dramatisch weiter.

Dies galt auch für die Provinz. Dort wurden 1922 ca. 56 000

Kriegsbeschädigte, 25000 Kriegerwitwen und knapp 50000 Waisen gezählt. Die zerstörerische Wucht des Weltkriegs und die entstandenen sozialen Kosten werden jedoch erst vollends sichtbar, wenn man die Anzahl der Kriegstoten betrachtet.

Obwohl in beinahe jedem märkischen Dorf nach 1918 ein Kriegerdenkmal eingeweiht wurde, um heroisches Gedenken zu institutionalisieren, sucht man heute oft vergeblich nach Hinweisen auf die Gesamtzahl der Gefallenen. Allerdings wurden für den Potsdamer Regierungsbezirk alphabetische Namensverzeichnisse angelegt, die zumindest für 16 Buchstaben vollständig überliefert sind. Sie weisen eine Gesamtzahl von 49624 Toten für die Jahre zwischen 1914 und 1918 aus. Überträgt man dies auf die gesamte Provinz, so ist von wenigstens 120000 gefallenen Brandenburgern auszugehen.

Sie fehlten in den Familien, als Arbeitskräfte und als Steuerzahler. Daher wirkte sich 1920 die administrative und räumliche Neuordnung zu Lasten Brandenburgs massiv aus. Zwar verlor die Provinz nur ca. 2 Prozent ihrer Gebietsfläche, aber mit etwa 1,9 Millionen Menschen gut die Hälfte ihrer Einwohnerschaft und auf Grund der gewerbestarken Berliner Randgebiete beinahe zwei Drittel ihrer bisherigen Steuerkraft. Es kam auch in der Folge zu keinerlei Ausgleichszahlungen an die Provinz. Das Land war der große Verlierer dieses Aktes. Es war daher künftig auf Zuschüsse des Reiches angewiesen. Die ehedem industrialisierten Kreise Niederbarnim und Teltow verwandelten sich wieder in Agrarzonen.

Geht man von der Volkszählung von 1925 aus, so waren knapp 1,1 Millionen Menschen in städtischen Gemeinden gemeldet, während etwa 1,5 Millionen Brandenburger auf dem Lande lebten. Weniger als 20 Prozent von ihnen wohnten in einem der zehn Stadtkreise. Noch deutlicher wird die soziale Lage großer Teile der Bevölkerung, wenn man berücksichtigt, daß über 40 Prozent der Beschäftigten in der Land- und Forstwirtschaft mit ihren geringen Löhnen tätig waren, die überdies wegen der jahreszeitlichen Schwankungen ein unsicherer Arbeitgeber war.

Das innenpolitische Klima des Landes wurde jedoch auch

durch Umstände belastet, die man leicht verkennt. Im Zuge der im Versailler Vertrag vom Juni 1919 neu festgelegten Ostgrenze des Deutschen Reiches war Brandenburg ein Grenzland geworden. In den vorgelagerten Gebieten kam es zwischen Deutschen und Polen bis 1920 zu heftigen kriegerischen Auseinandersetzungen um den künftigen Grenzverlauf. In den strukturschwachen Grenzkreisen zwischen Arnswalde im Norden und Schwiebus im Süden sammelten sich in den Dörfern und vor allem auf den Gütern deshalb die militanten Verteidiger deutscher Interessen und Gebiete, deren Reste 1922 in der Grenzmark Posen-Westpreußen zusammengefaßt wurden.

In diesem agrarisch strukturierten nationalen Milieu konnten Reichswehr und paramilitärische Verbände auch im republikanischen, sozialdemokratisch regierten Preußen stets Soldaten rekrutieren oder verbotenen Nachschub an Waffen und Material sicher unterbringen. Der Kapp-Putsch im März 1920 mit blutigen Kämpfen auch in der Provinz, das Auftreten der «Schwarzen Reichswehr» 1923 in Küstrin, aber auch die heftigen, nicht selten gewaltsamen Auseinandersetzungen zwischen Anhängern linker und rechter Parteien in den folgenden Jahren nahmen der politischen Ordnung ein Gutteil ihrer Normalität und Sicherheit.

Trotz der demokratischen Grundstrukturen zeigten sich die Parteien und ihre Anhänger im öffentlichen Leben immer häufiger uniformiert. Die Wehrorganisationen der politischen Lager mit ihren regelmäßig stattfindenden Aufmärschen, denen sich meist Gewaltattacken anschlossen, spielten eine wesentliche Rolle. Nicht minder prägend für das politische Leben dieser Tage erwies sich, daß sich städtisch-industrialisierte und agrarisch geprägte Lebenswelten auf brandenburgischem Boden gegenüberstanden. Ein Stimmungsbild bot der im Juni 1926 durchgeführte Volksentscheid zur Frage «Enteignung der Fürstenvermögen», mit dem implizit ein Urteil über den alten Staat und die von ihm getragene Politik gefällt wurde.

Entsprechend heftig und kontrovers verlief die öffentliche Debatte. Sie demonstrierte die tiefe Spaltung innerhalb der Bevölkerung. In Stimmkreisen mit hohem Arbeiteranteil um Berlin und Potsdam wurde eine Zustimmung von teilweise über 70 Prozent erreicht. In der Provinz ragte der industrialisierte und durch eine starke sorbische Minderheit geprägte Kreis Spremberg mit einem Anteil von 56 Prozent Ja-Stimmen hervor. In den ländlichen, noch immer vom Großgrundbesitz dominierten Kreisen der Uckermark, Prignitz oder der Neumark lag dagegen der Anteil der Befürworter des Entscheides bei deutlich unter 20 Prozent.

Auch die wirtschaftliche Entwicklung dieser Zeit trug nicht dauerhaft zur Stabilisierung dieser Gesellschaft bei. Der sich im Verlauf des Jahres 1926 abzeichnende konjunkturelle Aufschwung schlug bereits 1928 in das Gegenteil um. In der Landwirtschaft trugen zwar technische Verbesserungen zu Ertragssteigerungen bei, aber der Verfall der Preise nach 1928 traf insbesondere die Kleinbauern hart. Ausländische Konkurrenz und mangelnde Nachfrage der städtischen Bevölkerung nach höherwertigen Produkten verringerten die bäuerlichen Einkommen, was natürlich nicht ohne Auswirkung auf das Handwerk blieb, das als Arbeitgeber im dörflich-kleinstädtischen Milieu noch immer große Bedeutung besaß.

Im Zuge der 1929 ausbrechenden Weltwirtschaftskrise wurde die brandenburgische Industrie heftig durchgeschüttelt. Konkurse und Massenarbeitslosigkeit waren die Folge. Die Lausitzer Tuchindustrie erlitt einen schweren Rückschlag, aber auch der gesamte Maschinenbau war vom Niedergang betroffen. Die ohnehin geringen Steuereinkünfte der Provinz gingen weiter zurück. Staatliche Ausgaben und Leistungen mußten um 20 Prozent reduziert werden. Währenddessen war 1931/32 die Zahl der Arbeitslosen auf etwa 230–250 000 angestiegen. Dies entsprach im Landesdurchschnitt ca. 17 Prozent. In Städten wie Brandenburg, Frankfurt/Oder und Cottbus sollte die Arbeitslosenquote bis 1933 auf eine Höhe zwischen 21 Prozent und 33 Prozent hochschnellen.

In diesem Klima allgemeiner Not und Verunsicherung gewann die NSDAP mit ihren Argumenten von nationaler Erneuerung, neuer politischer Ordnung und öffentlicher Sicherheit sowie heftigen Attacken auf Bolschewismus, Judentum und Kapitalismus breite Zustimmung. Lag der Anteil der DNVP als einem Sammel-becken national-konservativer Strömungen bei den Wahlen zum Brandenburgischen Provinziallandtag 1929 noch bei 29,4 %, so war deren Anteil (Kampffront Schwarz-Weiß-Rot) bei den aller-dings nur noch bedingt freien Reichstagswahlen vom März 1933 auf 15,4 % gesunken. Im Gegenzug hatte sich die NSDAP von 5,6 % auf gewaltige 53,2 % gesteigert. Zusammen verfügte das rechte Lager über eine erdrückende Mehrheit von über 68 %, während die Linke von 43,6 % auf 28,3 % abgestürzt war.

Mithin war es der NSDAP gelungen, auf breiter Front auch in das Wählerreservoir der Linken einzudringen. Schaut man etwas genauer hin, dann hatte sich die Linke, wie zu erwarten, in den größeren Städten besser geschlagen. Auf dem Lande hatten dage-gen national-konservative und rechtsextreme Kräfte einen über-wältigenden Sieg davongetragen, der neben den Intrigen der Ka-marilla um Reichspräsident von Hindenburg ein wichtiger Fak-tor bei der «Machtergreifung» der Nationalsozialisten war.

Die Folgen dieses Sieges zeigten sich bei der nun einsetzenden «Gleichschaltung» der Länder, die auch in der alsbald begin-nenden Beseitigung von kommunalen Körperschaften und Be-hörden sichtbar wurde, die auf demokratischer Wahl beruhten. Weniger auffällig, aber ebenso folgenreich war es, daß auf den Führungsebenen der Verwaltungen personale Veränderungen eintraten. Überall wurden Anhänger und Mitglieder der NSDAP eingesetzt. So wurden drei Viertel aller Landräte ausgetauscht. Acht der zehn kreisfreien Städte erhielten einen neuen Oberbür-germeister.

Rückhalt und Durchsetzungsvermögen boten der NSDAP auch die Parteistrukturen, die sich flächendeckend über das Land legten. So bildete die Provinz den Gau Kurmark, wie er bis 1938 hieß, um dann in Gau Mark Brandenburg umbenannt zu werden. Nach der Parteistatistik des Jahres 1935 umfaßte dieser 46 Kreisleitungen mit mehreren Tausend örtlichen Unter-gruppierungen. In ihnen waren 158 262 Parteimitglieder tätig. Sie stellten in 159 Städten den Bürgermeister und in 3429 Ge-meinden den Vorsteher. Dazu kamen noch die der NSDAP ange-schlossenen Verbände wie das Deutsche Frauenwerk, die Deutsche Arbeitsfront oder der Reichsnährstand. Ihre Mitglieder zählten zusammen Hunderttausende. Schließlich ist noch an den paramilitärischen Arm der Partei, SA und allgemeine SS, zu erinnern. Ihnen sollen nach zeitgenössischen Angaben ebenfalls mehrere Hunderttausend Personen angehört haben. Selbst wenn man Mehrfachmitgliedschaften mitberücksichtigt, kann kein Zweifel daran bestehen, daß die NSDAP im Lande fest verwurzelt war.

Daher ist die Frage, ob der alsbald einsetzende Terror gegen politische Gegner und die jüdische Minderheit von vielen als schreiendes Unrecht wahrgenommen wurde, verschieden zu beantworten. Die Erfahrung des Krieges mit seiner allgemeinen Verrohung, aber auch die Polarisierungen durch die zurückliegenden innenpolitischen Auseinandersetzungen werden viele Menschen in Fragen der Toleranz und des Respektes desensibilisiert haben. Im politischen Gegner sah man allein den Feind, den es um jeden Preis zu vernichten galt.

Außerdem gab es eine große Gruppe von Menschen, die diese Vorgehensweise begrüßten. Die Zahl derer, die sich die Kritik aus den Reihen der Kirche oder der schon bald nur noch aus dem Untergrund agierenden linken Opposition an der politischen Praxis der NSDAP zu eigen machten, wird man dagegen nicht besonders hoch zu veranschlagen haben.

Schon im März 1933 waren auf Befehl lokaler SA-Führer erste Gefangenenlager außerhalb der staatlichen Organisation eingerichtet worden. Binnen weniger Monate wurden allein in Brandenburg fast 5000 Personen aus politischen Motiven verhaftet und in sogenannte Schutzhaft genommen. Der Prozeß der völligen Entrechtung von Gegnern und rassisch Verfolgten setzte in seiner organisierten Form ein.

Das Oranienburger Lager gilt als das erste Konzentrationslager. Dort wurden im Sommer 1933 etwa 800 Häftlinge unter härtesten Bedingungen festgehalten. Innerhalb eines Jahres wurden ca. 5500 Menschen dorthin verbracht, verhört und mißhandelt, um dann an andere Orte überstellt oder freigelassen zu werden. Etliche wurden dort auch ermordet.

Die antisemitische Politik mit all ihren Brutalitäten setzte auch in Brandenburg ein. Sie betraf im Verhältnis zu Berlin einen kleinen Personenkreis. Nach der Volkszählung bekannten sich 7616 Personen (= 0,28 Prozent der brandenburgischen Bevölkerung) zur jüdischen Religion. Von diesen lebte beinahe die Hälfte in neun städtischen Gemeinden, die übrigen in kleinsten Gemeinschaften. Bis 1939 sollten über 4000 Juden unter dem Druck der alltäglichen Verfolgungen Brandenburg mit einem ungewissen Schicksal verlassen.

Eingebettet war dieses Geschehen jedoch in einen umfassenden Prozeß wirtschaftlicher Normalisierung, da sich die Verwerfungen der ökonomischen Krise zunehmend abschwächten. Die Arbeitslosigkeit ging seit 1934 deutlich zurück. Mit dem energischen Ausbau des Berliner Autobahnringes, aber auch des Schienennetzes wurde für Zehntausende Arbeit geschaffen, wenn auch auf einem äußerst niedrigen Lohnniveau. Seit 1935 sorgte auch die Wiedereinführung der allgemeinen Wehrpflicht für Entlastung auf dem Arbeitsmarkt.

Damit ging eine ausgreifende Politik der Kriegsvorbereitung einher, von der Brandenburg vorübergehend nicht wenig profitieren sollte; denn sie sorgte für Beschäftigung und Nachfrage. Es mußten große Kasernenanlagen z.B. in Potsdam, Neuruppin und Bernau, Flugplätze in Döberitz, Fürstenwalde und Cottbus, große Übungsgelände um Jüterbog mit Zufahrtswegen und Schienennetz sowie Bunkersysteme angelegt werden. Militärische Aufträge aller Art schoben die Binnenkonjunktur kräftig an.

Natürlich war es zum Vorteil der landwirtschaftlichen Betriebe, daß die Eigenversorgung der Provinz, welche überdies die Reichshauptstadt mit Nahrungsmitteln zu beliefern hatte, ein politisch-strategisches Ziel war. Staatliche Preisregulierungen sicherten die bäuerlichen Einkommen. Außerdem wurde der Bauernstand durch das Erbhof-Gesetz von 1933 deutlich gestärkt, nach dem bäuerlicher Besitz ab einer Größe von mehr als 7,5 Hektar unter einen besonderen Schutz gestellt war.

Aus strategischen Erwägungen wurden jetzt in der Provinz vor allem metallverarbeitende Industriebetriebe angesiedelt. Ein Nebeneffekt dieser mit öffentlichen Mitteln durchgeführten

Strukturmaßnahmen war, daß der Potsdamer Regierungsbezirk durch Zuwanderung aus Berlin und anderen Gebieten ein erhebliches Bevölkerungswachstum verzeichnen konnte.

Diese Politik nutzte wirtschaftlich einigen Mittelstädten im ländlichen Raum wie Belzig, Brandenburg, Eberswalde, Lukkenwalde, Oranienburg und Treuenbrietzen. Ein besonders wichtiges Projekt im Rahmen dieser Planungen stellte der Neubau einer Motorenfabrik durch die Daimler-Benz AG bei Ludwigsfelde dar. Dieser Trend verstärkte sich noch mit Kriegsbeginn. Allerdings fehlte es bereits seit Ende der 30er Jahre an Arbeitskräften.

Daher wurden schon bald nach dem erfolgreich verlaufenen Feldzug gegen Polen im Lande Lager für Kriegsgefangene errichtet. Diese wurden im Laufe der folgenden Jahre zusammen mit Fremdarbeitern immer wichtiger, um Landwirtschaft und Industrie mit den nötigen Arbeitskräften zu versorgen. Im Jahre 1940 dienten aus Berlin und Brandenburg allein bei der Wehrmacht ca. 410 000 Männer. Sie fehlten der Industrie. Schon 1939 war daher bei Luckenwalde ein erstes Lager für polnische Soldaten erbaut worden. Schließlich überzog ein Netz von einigen hundert Lagern unterschiedlicher Größe die Provinz, denn mit der Fortdauer des Krieges wuchs die Zahl der Zwangsarbeiter. Insbesondere Zehntausende von russischen Kriegsgefangenen wurden so schlecht behandelt, daß ein großer Teil von ihnen zu Tode kam.

Noch grausamer, wenn Vergleiche hier überhaupt zulässig sind, war das Los der Insassen der Konzentrationslager. Das aufgelöste Oranienburger Lager war 1936 durch ein neues, deutlich größeres in Sachsenhausen ersetzt worden. In seiner Nähe wurde auch die Inspektion der Konzentrationslager eingerichtet. Über 8000 Menschen konnte Sachsenhausen aufnehmen. Im Laufe der Jahre, so schätzt man, wurden ca. 200 000 Menschen dorthin verschleppt, von denen wenigstens ein Viertel getötet wurde. Im Jahre 1939 richtete man ein weiteres Konzentrationslager in Ravensbrück ein. Es war allein für Frauen bestimmt. Über die Jahre hatte es ca. 120 000 Insassinnen.

Ein besonderes Kapitel stellte der Umgang mit Pflegebedürftigen dar. Sie wurden aus den nördlichen Teilen der Provinz in die Landespflegeanstalt Brandenburg-Göhrden überstellt, um dort systematisch getötet zu werden. Über 10 000 von ihnen kamen dort um. In Brandenburg gab es außerdem noch eine weitere Stätte des staatlich organisierten Unrechtes, das dortige Zuchthaus, das zu den offiziellen Hinrichtungsstätten zählte.

Während an vielen Stellen des Landes alltäglich Unrecht praktiziert wurde, ohne daß es, abgesehen von den bereits genannten Oppositionskräften, zu deutlich vernehmbaren Protesten kam, näherte sich der Krieg zumindest aus der Luft auch der Provinz Brandenburg. Anfangs luden nur einige Berlin anfliegende Bomber ihre tödliche Fracht eher versehentlich über der Provinz Brandenburg ab. Seit Ende 1943 wurden auch industrielle Zentren in der Provinz zum Ziel alliierter Bombenangriffe. Sie wurden bis Kriegsende immer heftiger. Dennoch wurden seit Mitte 1943 aus anderen städtischen Zentren des Reiches, aber vor allem aus Berlin, ca. 670 000 Personen in das ländliche Brandenburg umgesiedelt, um sie nicht weiteren Luftangriffen auszusetzen.

Nie war Brandenburg dichter bewohnt als in der Spätphase des Zweiten Weltkrieges, als Hunderttausende von Fremdarbeitern, Kriegsgefangenen und verschickten Städtern zusätzlich das Land bevölkerten. In diese Welt der organisierten Kriegswirtschaft brach seit dem 26. Januar 1945 der Landkrieg ein, begleitet von schweren Luftangriffen. Ohne größere militärische Notwendigkeit wurden erst jetzt die Innenstädte von Cottbus, Frankfurt/Oder, Potsdam und Stendal verwüstet. Der vom Deutschen Reich ausgegangene Krieg kehrte an seinen Ursprungsort zurück.

Die Neumark und ihre Bewohner wurden binnen weniger Tage überrollt. Schon am 29. Januar standen erste russische Verbände an den Oderbrücken und versperrten damit der Bevölkerung aus diesen Gebieten die Flucht nach Westen. Dort sollte die Frontlinie für etliche Wochen verlaufen. Die zahlen- und materialmäßig stark unterlegenen deutschen Verbände, die auch auf keine nennenswerte Luftunterstützung mehr zurückgreifen konnten, schlugen bis Mitte April dennoch sämtliche

Angriffe der russischen Armee, die unerwartet hohe Verluste erlitt, zurück.

Nach schwersten Kämpfen zwischen dem 16. und 19. April brach die deutsche Verteidigung an der Oder zusammen. Schon einen Tag später erreichten erste russische Panzerverbände die äußersten Ränder Berlins. Fast gleichzeitig war es sowjetischen Verbänden gelungen, auch die Neiße zu überwinden. Über den Lübbenauer Raum stießen sie von Süden auf Berlin vor. Im Zuge dieser Kämpfe bildete sich der Kessel von Halbe, der zu den verlustreichsten Kesselschlachten dieses Krieges zählen sollte. Am 27. April schloß sich der militärische Ring um Berlin.

Im Rahmen dieser Kampfhandlungen wurden vielerorts auch Volkssturm und Hitlerjugend zur Verteidigung eingesetzt. Dort, wo der Vormarsch der russischen Verbände eine Kette von Gefechten mit schweren Waffen nach sich zog, zeichnete sich eine Spur der Verwüstung ab, die noch Jahre später sichtbar war. Dies galt im Norden für Teile der Uckermark, den Lebuser Raum oder im Süden den Raum zwischen Cottbus und Spremberg sowie Teile des Berliner Umlandes. Mit der Kapitulation von Teilen der Wehrmacht am 2. Mai 1945 war der Krieg in der Region zu Ende, nicht aber das Leiden der Zivilbevölkerung.

## 6. Sozialer Umbau und bezirkliche Neuorganisation (1945–1990)

Mit der bedingungslosen Kapitulation der deutschen Wehrmacht am 8. Mai 1945 endete nicht nur ein verheerender Krieg, sondern dieses Datum markierte auch das Ende einer territorialen Ordnung in Brandenburg, in der trotz Industrialisierung und Ansätzen zu einer Demokratisierung und zuletzt trotz nationalsozialistischer Überformung die ländlichen Eliten eine herausragende Stellung innegehabt hatten.

Schon bald unternahmen kommunistische Kader, die aus dem Exil in die sowjetische Besatzungszone strömten, unter dem

Schutz der sowjetischen Armee und mit Hilfe der sowjetischen Geheimdienste erste Schritte, um das gesellschaftliche Leben von Grund auf neu zu organisieren. Vordergründig betrachtet waren daran mehrere Parteien unterschiedlicher Prägung und Ausrichtung gleichberechtigt beteiligt.

Tatsächlich ließen sich aber die kommunistischen Vertreter nicht mehr das Gesetz des Handelns aus der Hand nehmen. Politische Gegner wurden notfalls mit geheimpolizeilichen Mitteln aus dem Weg geräumt. Am 29. Juni 1945 nahm eine neue Provinzialregierung ihre Tätigkeit auf. Daher haben sich in unserem oft unscharfen Bild dieser Zeit Vorgänge wie Boden- und Schulreform, allmähliche Vergesellschaftung von Industrien und die Einrichtung eines sozialistischen Herrschaftsapparates mit dem Wiederaufbau des zerstörten Landes eng verknüpft.

Dies überdeckte lange die außergewöhnliche soziale Dramatik der Nachkriegszeit. Sie war vor allem durch eine tiefgreifende demographische Neuformierung der Gesellschaft, die sich in den kommenden Jahren vielfältig bemerkbar machen sollte, bestimmt. Ein Blick auf die Zusammensetzung der brandenburgischen Bevölkerung macht dies erst deutlich. Verglichen mit 1939 war sie bis 1946 sogar leicht angestiegen, aber ein gutes Viertel dieser Brandenburger war in der Fremde geboren und erst seit kurzem im Lande zu Hause.

Was war geschehen? Betrachten wir zuerst die Opfer des Krieges, um den Wandel in seinen Ursprüngen und Ausmaßen nachvollziehen zu können. Es genügt hierzu nicht, allein auf die Opfer nationalsozialistischer Gewaltherrschaft zu verweisen. Nach der Volkszählung vom Oktober 1946 lebten knapp über 2,5 Millionen Menschen in Brandenburg. Auf diesem Gebiet, das Teile des Regierungsbezirkes Frankfurt und den gesamten Potsdamer Bezirk umspannte, hatten 1939 ca. 2,3 Millionen Menschen gelebt.

Nach einer nicht veröffentlichten Statistik waren jedoch bis Dezember 1945 ca. 406 000 Vertriebene ins Land geflüchtet. Im August 1946 hatte sich ihre Zahl auf rund 619 000 erhöht. Bei ihrer letzten Erfassung im März 1949 schätzte man ihre Zahl sogar auf 723 000 Personen. Seit Oktober 1945 wurden sie offiziell als Umsiedler bezeichnet. 1948 erhielten sie von staatlicher Seite die Bezeichnung Neubürger.

Ihre Eingliederung in die Gesellschaft sollte aber auf große Schwierigkeiten stoßen, insbesondere im ländlichen Raum, wo sie lange Zeit als «Polacken» beschimpft und ausgegrenzt wurden. Die anstehenden Probleme bei ihrer Integration vor allem in die ländliche Gesellschaft waren so gravierend, daß es 1948 von offizieller Seite verboten wurde, die Umsiedler von Amts wegen weiterhin als eine besondere Gruppe statistisch zu erfassen. Als eine eigene soziale Gruppe waren sie im kommunistischen Teil Deutschlands nicht mehr existent. Im sozialistischen Brandenburg wurde ihr Schicksal mit einem Tabu belegt.

Die alteingesessene Bevölkerung Brandenburgs diesseits der Oder hatte sich jedoch seit 1939 auf ca. 1,9 Millionen Menschen verringert. Es ergibt sich dann gegenüber 1939 ein Verlust von ca. 460 000 Menschen – eine Größenordnung, die heutzutage in ihren Dimensionen kaum mehr vorstellbar ist.

Von diesen war der größte Teil männlichen Geschlechts gewesen. Sie waren als Angehörige kämpfender Verbände, des Volkssturmes oder der Hitlerjugend gefallen. Bedenkt man, daß in den östlichen Regionen des Reiches eine höhere Quote von Männern zum Wehrdienst eingezogen worden war, und daß bei den Kämpfen zwischen der Oder und dem Berliner Raum, also bei der Verteidigung ihrer unmittelbaren Heimat, auch Volkssturm und Hitlerjugend hohe Verluste hatten, so ist nach jüngeren Berechnungen von einer Gefallenenrate von über 20 Prozent der männlichen Bevölkerung als realistisch auszugehen.

Mithin waren mindestens 240 000 Brandenburger als Soldaten zu Tode gekommen. Bestätigt werden diese Schätzungen auch durch einen Vergleich der Geschlechterrelation. Vor dem Kriege war diese in Brandenburg fast ausgeglichen gewesen. Nach der Erhebung von 1946 standen jedoch 1,066 Millionen Männern nicht weniger als 1,461 Millionen Frauen gegenüber. Dieses Verhältnis sollte sich trotz Tausender Heimkehrer aus Kriegsgefangenschaft nur langsam in den kommenden Jahren ändern.

Unter den übrigen 220 000 Personen müssen wir Opfer des

nationalsozialistischen Terrors suchen. Darüber hinaus sind zivile Tote der Kampfhandlungen und der Tieffliegerangriffe, ferner diejenigen, die nach Kriegsende an ausbrechenden Seuchen wie Ruhr und Typhus, an Hunger und Entkräftung verstarben sowie ungezählte Selbstmorde zu verrechnen. Schließlich sind darin auch die Opfer von Übergriffen und Willkürhandlungen der Besatzungsmacht enthalten sowie all diejenigen, die kurz nach Kriegsende in Lagern wie Ketschendorf, Mühlberg und Sachsenhausen an Unterernährung und Krankheit starben. Laut kommunistischer Propaganda dienten diese Lager der Inhaftierung von Vertretern des Dritten Reiches, tatsächlich verschwanden dort Tausende, denen keine besondere Schuld anzulasten war. Die ausführenden Organe hatten deren Tod billigend in Kauf genommen.

Schließlich ist noch auf das Schicksal derjenigen Brandenburger hinzuweisen, die östlich der Oder gelebt hatten. 1939 waren es etwa 664 000 Personen gewesen. Im Gegensatz zu anderen ostdeutschen Regionen hatten sie ob des raschen russischen Vormarsches und des dann eintretenden wochenlangen Stellungskampfes an der Oder kaum Fluchtmöglichkeiten besessen. Während der für die russische Seite ungewöhnlich verlustreichen Kämpfe um die Oder hatten sie furchtbar gelitten.

Als dieses Gebiet direkt nach Kriegsende von der russischen Führung polnischen Organen zur Verwaltung und Neubesiedlung übergeben wurde, kam es zu wilden Vertreibungen, die seit dem Spätsommer in staatlich gelenkte Maßnahmen übergingen, ohne ihren Schrecken für die Betroffenen zu verlieren. Bis auf einen geringen im Land verbliebenen Rest verloren Neumärker und Lausitzer zwischen Arnswalde im Norden und Sorau im Süden ihre seit Jahrhunderten angestammte Heimat. Von diesen kamen nach amtlichen Erhebungen der 50er Jahre einschließlich der Kriegsverluste bis Ende 1946 ca. 40 Prozent ums Leben.

Der Provinz Brandenburg waren in diesem Krieg außergewöhnlich hohe Opfer an Menschen und Gütern aufgebürdet worden. Daher war an keine rasche Normalisierung im Laufe des Jahres 1946 zu denken. Die Infrastruktur hatte großen

Schaden genommen, vor allem in den Kampfzonen. Dies erschwerte jede Normalisierung auf absehbare Zeit. Gewiß kam die industrielle Produktion langsam in Gang, denn nur 12 Prozent der Fabriken waren als zerstört anzusehen. Die oft planlos vorgenommenen russischen Demontagen wirkten sich erst nach und nach aus. Noch hemmender war das Fehlen von Rohstoffen.

Über allem stand damals der Mangel. Nach Kriegsende verschärfte sich die Versorgungslage mit lebensnotwendigen Gütern. Belastend kam hinzu, daß es den Vertriebenen und nicht nur diesen an Wohnraum fehlte. Alles wurde genutzt, selbst ehemalige Lager und Baracken des Dritten Reiches. Daher war das politische Handeln dieser Tage primär von dem Ziel bestimmt, elementare Grundbedürfnisse der Bevölkerung wie Arbeiten, Wohnen und Essen zu decken.

Gelenkt und unterstützt von der Sowjetischen Militäradministration in Deutschland (SMAD), die seit dem 9. Juni 1945 die oberste Regierungsgewalt in Ostdeutschland innehatte, begannen allenthalben kommunistische Kader mit der personalen Erneuerung der Verwaltung, die vorerst im Aufbau an alten Organisationsstrukturen orientiert blieb. Dementsprechend gab es auch eine in Potsdam beheimatete SMAD Direktion für das Land Brandenburg. So konnte zügig eine weitgehende Entnazifizierung durchgeführt werden, was wiederum zur Folge hatte, daß es in einigen Bereichen des öffentlichen Lebens an qualifiziertem Personal fehlte. Daher mußte doch partiell auf Funktionsträger des Dritten Reiches zurückgegriffen werden.

Dies galt aber nicht für den Bildungsbereich. Aus dem Schuldienst wurden nahezu sämtliche Lehrer entfernt, die dem Dritten Reich gedient hatten oder ihm geistig verbunden gewesen waren. Statt dessen wurden in Schnellkursen Neulehrer rekrutiert, deren Schulung zu einem späteren Zeitpunkt an sogenannte Arbeiter- und Bauernfakultäten überging. Dadurch wurden für die Ausübung des Lehrerberufes neue soziale Gruppen erschlossen. Selbst in den kleinsten Dörfern wurden eigene Gemeindebibliotheken eröffnet. Zehn ständige und sieben Gastspielbühnen wurden ins Leben gerufen, um über das Theater ein breites Publikum in Brandenburg zu erreichen. Besonderer Wertschätzung von seiten der neuen Machthaber erfreute sich das Kino, dessen erzieherischer Wert sehr hoch veranschlagt wurde. Etwa 170 Kinos waren im gesamten Land bereits 1946 in Betrieb. In diesen Kontext gehört auch die im Mai 1946 durch die SMAD angeregte Gründung der Deutschen Film-AG (DEFA) in Babelsberg. Zu deren ersten Projekten zählte der berühmte Film «Die Mörder sind unter uns», der ein höchst aktuelles Problem der deutschen Gesellschaft dieser Zeit auf eindringliche Weise thematisierte.

Der Kampf gegen die alten politischen Eliten und ihre wirtschaftliche Basis wurde auf verschiedenen Ebenen geführt. Schon am 15. Juli 1945 hatte die KPD dazu aufgerufen, eine entschädigungslose Bodenreform durchzuführen. Trotz mancherlei Widerstände wurden in einem ersten Schritt 2327 landwirtschaftliche Betriebe mit einem Besitz von mehr als 100 Hektar enteignet. Das Land wurde unter 110 000 Personen verteilt. Nach offizieller Lesart sollten dadurch zahlreiche Umsiedlerfamilien eine neue Existenzgrundlage erhalten und die Landwirtschaft gestärkt werden.

Zuvor waren die Flüchtlingsfamilien aus Städten und über 80 Lagern auf das Land verbracht worden. Dort hoffte man, sie besser versorgen und in eine soziale Ordnung integrieren zu können. In Wirklichkeit konnte davon keine Rede sein. Denn man hatte von politischer Seite das Beharrungsvermögen der dörflichen Gesellschaft bei weitem unterschätzt. Man hatte zur Umsetzung dieses Zieles unter einer brandenburgischen Provinzialkommission nicht weniger als vier Bezirks-, 21 Kreis- und 2204 Gemeindeboden-Kommissionen eingerichtet. Sie nahmen ihre Tätigkeit zügig auf. Tatsächlich ging aber der größte Teil des Ackerlandes an die alte Dorfbevölkerung.

Die Umsiedler erhielten vor allem schlechte Böden oder weit entferntes Land. Hinzu kam, daß es ihnen an Unterkunft, Vieh und Gerät mangelte, um erfolgreich zu wirtschaften. Schon bald wurden daher erste Maschinenhöfe (VdgB) eingerichtet, wo sich die Landwirte zu günstigen Tarifen erforderliches Gerät ausleihen konnten. Sie wurden 1949 in Maschinen-Ausleih-Stationen umgewandelt. Aus den Akten wissen wir aber, daß Zehntausende von Beschwerden und Eingaben wegen der auf dem Lande herrschenden Mißstände an Partei und Verwaltung gerichtet wurden. Man schätzt, daß etwa ein Drittel der Umsiedler ihren landwirtschaftlichen Betrieb auf Grund der miserablen Rahmenbedingungen nach kurzer Zeit wieder aufgeben mußten.

Vorherrschendes Thema blieb in dieser Periode des Wiederaufbaues die Wohnraumfrage. Sie betraf nach wie vor einen außergewöhnlich großen Personenkreis. So wurden die aus der Trümmerbeseitigung in der Frankfurter Altstadt gewonnenen Steine für den Wiederaufbau der Dörfer im Oderbruch genutzt. Vielerorts ließen sich alte Gutsanlagen nicht in Wohngebäude für diejenigen Neubauern verwandeln, die nun den Gutsacker bewirtschafteten. Allein im vom Krieg entvölkerten Kreis Lebus hatten über 2600 Umsiedlerfamilien durch die Bodenreform Landbesitz erhalten.

Während sich der Anteil der Landarbeiter auf Grund dieser Politik gegenüber der Vorkriegszeit deutlich verringerte, hatte die Anzahl eigenständig wirtschaftender Bauern kräftig zugenommen. Daher wurden, abgesehen von der tieferen Symbolik des Vorganges, auch immer wieder Herrenhäuser und Gutsanlagen völlig abgerissen, um dringend benötigte Baustoffe zu gewinnen.

Oft wird in diesem Zusammenhang übersehen, daß die gesamte Versorgungslage durch einen weiteren Faktor noch wesentlich verschärft wurde: die Anwesenheit der Roten Armee. Sie benötigte ebenfalls Lebensraum im Wortsinne. Es handelte sich um mehrere Hunderttausend Mann, Material und schweres Gerät. Aus dem Zusammenschluß verschiedener militärischer Großverbände war kurz nach Kriegsende die Gruppe der Sowjetischen Besatzungstruppen in Deutschland, seit 1954 Gruppe der Sowjetischen Streitkräfte in Deutschland (GSSD), gebildet worden. Sie war großenteils im Brandenburgischen stationiert, was auch mit dem Viermächte-Status von Berlin zu tun hatte.

Zu ihrer Unterbringung dienten schließlich fünfzehn große

und ein gutes Dutzend kleinerer Garnisonen, dazu kam noch ein Dutzend Flugplätze. Zwar war Brandenburg schon seit der Kaiserzeit ein großes Militärlager gewesen, jetzt wurde dies noch bei weitem übertroffen. In Städten wie Brandenburg, Frankfurt/Oder, Jüterbog, Perleberg oder Potsdam wurden besonders große Truppenverbände einquartiert. Dazu mußten etwa in Jüterbog und Potsdam ganze Stadtviertel geräumt werden. In Luckenwalde beschlagnahmte die SMAD über 1000 Wohnungen für Militärangehörige. Außerdem wurden große Flächen etwa in der Lausitz zu Übungszwecken in Besitz genommen. Bis zuletzt war daher das russische Militär, das permanent den Ernstfall übte, optisch und akustisch allenthalben präsent.

Nachdem die gravierenden Anlaufprobleme bei der Versorgung der Bevölkerung 1946/47 beseitigt waren und der Konsum sich zumindest auf einem niedrigen Niveau stabilisiert hatte, nahm das sozialistische Staatsschiff langsam Fahrt auf. Neben der Bodenreform wurde die Umstrukturierung der gewerblichen Wirtschaft vorangetrieben. In den Anfangsjahren hatte sich noch eine Vielzahl mittlerer und kleiner Betriebe in Privatbesitz befunden, deren Anteil am Wirtschaftsaufkommen daher relativ hoch war.

Von 3200 Industriefirmen und ca. 35 000 gewerblichen Betrieben hatte man bis Mitte 1946 gerade einmal 2065 beschlagnahmt, weil es sich um Rüstungsbetriebe gehandelt hatte oder deren Eigentümern eine nationalsozialistische Vergangenheit vorgeworfen wurde. Sie sollten auf Grund eines Befehls der SMAD vom 29. März 1946 in Volkseigentum übergehen. Tatsächlich wurden bis 1948 nur 1428 Firmen dauerhaft enteignet und in Volkseigentum überführt.

Die Industrie litt in den ersten Jahren unter einem kriegsbedingten starken Fachkräftemangel. Daher mußten neben ungelernten Arbeitern verstärkt Frauen an bisher üblicherweise von Männern eingenommenen Arbeitsplätzen eingesetzt werden. Dies war vor dem demographischen Hintergrund zwingend geboten. Überdies war bereits in den 30er Jahren in der Landwirtschaft, dem wichtigsten Beschäftigungssektor Brandenburgs, ein Frauenanteil von beinahe 50 Prozent erreicht worden. Konsequenterweise begann man bald, besondere Förderprogramme für Frauen einzurichten.

Bis 1952 wurden dank russischer Hilfe erste greifbare Erfolge im Bereich der Schwer-, Chemie- und Elektroindustrie erzielt. Dies galt z. B. für die Stahlstandorte Hennigsdorf und Brandenburg. In der alten Havelstadt wurde seit 1949 ein neues Stahl- und Walzwerk errichtet, das als ein sozialistischer Musterbetrieb geführt wurde. Dieser Aufschwung erstreckte sich jedoch nicht auf die Produktion von Konsumgütern. Dort herrschte weiter eine Rationierung wichtiger Erzeugnisse vor.

Durch die Einrichtung neuer staatlicher Handelsstrukturen (HO) wurde versucht, den Schwarzmarkt einzudämmen. Dort konnte man knappe Waren kaufen, allerdings zu Preisen, die für viele unerschwinglich waren. Der Erfolg war daher insgesamt mäßig. Außerdem wurden Güter des täglichen Bedarfs oft in schlechter Qualität erzeugt. Ferner blieb die landwirtschaftliche Produktion hinter den staatlichen Vorgaben zurück, was regelmäßig zu Versorgungsengpässen führte.

Seit Ende der 40er Jahre hatte die SED die von der Bodenreform begünstigten Landwirte zum Eintritt in Genossenschaften zu bewegen versucht. Im Juni 1952 wurde in Worin/Kreis Lebus mit 13 Einzelbauern eine der ersten landwirtschaftlichen Produktionsgenossenschaften überhaupt gegründet. Um die überwiegend ablehnende Haltung der Bauern zu überwinden, wurden diese schließlich, nach Hofgröße gestaffelt, mit horrenden Naturalabgaben belegt. Die Landwirtschaft geriet durch die Bemühungen der SED aber in eine schwere Krise. Viele Bauern zogen es unter diesen Umständen vor, eine Arbeit in der Industrie anzunehmen, oder sie begaben sich in den Westen Deutschlands.

Nach Aufstellungen des Jahres 1952 lag der Anteil der Hofbesitzer mit Rückständen gegenüber den staatlichen Abnahmestellen bei einer Besitzgröße von über 50 Hektar um die 80 Prozent, bei denjenigen, die unter 10 Hektar bewirtschafteten, lag der Anteil dagegen deutlich unter 30 Prozent.

Die Kleinbauern wurden von offizieller Seite als Verbündete

der Arbeiterklasse angesehen. Unter ihnen befanden sich viele ehemalige Landarbeiter und Umsiedler. So gehörten unter den 1236 Mitgliedern der ersten 79 Genossenschaften beinahe 80 Prozent zum Kreis der Neubauern, die weniger als 10 Hektar bewirtschafteten. Bis Mai 1953 waren im Bezirk Frankfurt/ Oder 225, im Bezirk Cottbus 229 und im Bezirk Potsdam gar 388 landwirtschaftliche Produktionsgenossenschaften eingerichtet worden, was vorerst aber zu weiteren Rückgängen bei den landwirtschaftlichen Erträgen führte.

Diese Form der Agrar- und Gesellschaftspolitik war eine Folge der Beschlüsse der 2. Parteikonferenz der SED, die im Juli 1952 das Ziel formuliert hatte, «in allen Bereichen der Gesellschaft die Grundlagen des Sozialismus zu schaffen». Planwirtschaft und Volkseigentum bildeten die zentralen Zielvorgaben. In diesem Zusammenhang wurde auch eine Zerstörung der alten politischen Raumstrukturen beschlossen. Von der territorialen Neuordnung erhoffte sich die Partei- und Staatsspitze eine Stärkung des Zentralismus und damit einen verbesserten Zugriff auf die Menschen und auf die Produktion vor Ort, um die planwirtschaftlichen Strukturen weiterzuentwickeln.

Zuvor hatte man eine Neuformierung der Parteiorganisation vorgenommen, um die anstehenden Aufgaben von seiten der Partei auf allen Ebenen des politischen und gesellschaftlichen Lebens zu meistern. Das seit 1947 bestehende Land Brandenburg wurde aufgelöst und drei Bezirke (Frankfurt, Cottbus und Potsdam) traten an dessen Stelle. Ihr räumlicher Zuschnitt war primär wirtschaftlichen Motiven geschuldet, wenn auch die Beherrschung der Grenze zu Westberlin und zu Polen als administrative Faktoren bei den Planungen nicht unterschätzt werden sollte. Die Oder-Neiße-Linie war bereits 1950 von der SED als Grenze zu Polen anerkannt worden, was bei den Umsiedlern, die sich weder organisieren noch die Erinnerung an ihre Heimat offiziell pflegen durften, auf starke Ablehnung gestoßen war. Dies drang aber nicht an die Öffentlichkeit.

Die mit dieser Reform verbundenen Hoffnungen der SED, den Zentralismus zu stärken, waren trügerisch, wie wir in der Rückschau erkennen können. Denn die Räte der Bezirke und der darunter bestehenden Kreise sowie die ihnen zugeordneten komplementären Parteistrukturen gewannen nach einigen Jahren wieder deutlich an Eigengewicht gegenüber der Berliner Zentrale. Überdies brachte es die herrschende Parallelstruktur mit sich, daß zahlreiche Funktionsträger durch Mehrfachunterstellungen im Rahmen der Hierarchie von Partei und Räten, wie die Verwaltungsorganisation von nun an hieß, in ihrem Handeln stark behindert waren. Massive Effizienzverluste waren die Folge.

Noch stärkere Auswirkungen auf das innenpolitische Klima aber hatte das politische Schockerlebnis des 17. Juni 1953. Es sollte die Politik der SED und ihrer Führungskader bis zum Untergang der DDR prägen. Binnen weniger Stunden schien man die Kontrolle über das Land verloren zu haben. Anfangs eingesetzte Polizeikräfte versagten vielerorts. Erst die Anwendung offener Gewalt durch die Rote Armee konnte die Unruhen eindämmen. Dennoch dauerte es fast zehn Tage, bis sozialistische Normalität überall wiederhergestellt war. Außerhalb der Hauptstadt waren es vor allem Beschäftigte an den Stahlstandorten Brandenburg, Hennigsdorf oder auch in Lauchhammer gewesen, die zum Entsetzen der Parteioberen in großer Zahl ihrem Zorn über ihre mißliche Lage Luft gemacht hatten.

Die im Zuge der Umorganisation der Landwirtschaft nach wie vor schwierige Versorgungslage und die Erhöhung der Arbeitsnormen hatten aus Sicht der Arbeiterschaft das Faß zum Überlaufen gebracht. Dagegen verhielten sich Angestellte und Akademiker auffallend ruhig. In diesen sozialen Milieus gab es anders als in der Arbeiterschaft nicht nur wegen der räumlichen Nähe zur Hauptstadt oft enge personale Beziehungen zum und Verflechtungen mit dem Parteiapparat.

Ihre Wahrnehmung gesellschaftspolitischer Kontexte war daher großenteils eine andere. Hier zahlte sich für die SED die grundlegende Neuausrichtung der Hochschulen und anderer Bildungseinrichtungen im Verbund mit der früh begonnenen Kaderschulung aus. Im Berliner Umland war eine Vielzahl von Bildungsstätten entstanden. So war 1948 eine Brandenburgische Landeshochschule gegründet worden, deren wichtigste

Aufgabe die Lehrerausbildung war. Nach Kleinmachnow war 1948 die Parteihochschule der SED verlegt worden. In Babelsberg hatten sich 1952 verschiedene Einrichtungen zur Deutschen Akademie für Staats- und Rechtswissenschaften vereinigt. Diese war verantwortlich für Führungskader in den Verwaltungen und im diplomatischen Dienst gewesen. Im selben Jahr erhielt Bernau die zentrale Bildungsstätte des Freien Deutschen Gewerkschaftsbundes (FDGB), die später ebenfalls Hochschulstatus bekam, und in Eberswalde hatte in alter Tradition eine höhere Forstschule ihren Dienst aufgenommen.

Die Ereignisse des 17. Juni riefen bei vielen Funktionären ein lebenslanges Mißtrauen gegenüber dem eigenen Volk hervor. Mit größter Härte, bis hin zu Todesurteilen, ging die Partei gegen die Anführer der Proteste vor. Zugleich war der Parteiführung unmißverständlich vor Augen geführt worden, daß die Bevölkerung nicht jedes Regierungsvorhaben uneingeschränkt guthieß. Sie reagierte mit wirtschaftlichen und sozialpolitischen Maßnahmen, u.a indem sie die Konsumgüterindustrie zu Lasten der Schwerindustrie förderte, was sich längerfristig stabilisierend auf das gesellschaftliche Klima auswirkte.

Bis 1961 verlor die DDR allerdings dennoch jährlich etwa 1 Prozent ihrer Bevölkerung durch Abwanderung in den Westen. Dies traf das Land deshalb besonders hart, weil es vor allem gut ausgebildete Fachkräfte aus der Industrie waren, die Brandenburg den Rücken kehrten. Erst der Mauerbau setzte dem auf brutale Weise ein Ende.

Die neue Grenzanlage, offiziell als Schutz- und Friedensgrenze deklariert, konnte nur unter Todesgefahr überwunden werden. Für die Absperrung und die dauerhafte Überwachung der Grenze wurde eine große Zahl an militärisch ausgebildeten Kräften benötigt. Diese hatte die Partei seit den späten 40er Jahren auf Länderebene systematisch aufgebaut. Anfangs firmierten sie als Polizeiverbände mit unterschiedlicher Aufgabenstellung, tatsächlich handelte es sich aber durchweg um paramilitärische Einheiten mit schweren Waffen. Sie waren in Brandenburg vor allem in Potsdam, Cottbus, Frankfurt/Oder und Eisenhüttenstadt stationiert. 1952 begann man im Raum Prenzlau/Eggesin mit ersten Vorbereitungen (Kasernenbau etc.) für die Aufstellung eines militärischen Großverbandes. Vor allem das vergleichsweise starke Offizierskorps war zu über 90 Prozent mit SED-Mitgliedern besetzt. Große Ausbildungszentren der Polizeikräfte gab es in Potsdam und Biesenthal.

Der zügige Ausbau des Sicherheitswesens, das schließlich etwa 10 Prozent aller Arbeitnehmer ausmachte, sorgte nicht nur für Beschäftigung. Mit dem Offizierskorps wuchs auch eine im Verhältnis zu anderen Berufsgruppen sehr gut verdienende staatstragende Schicht heran. Dies wirkte sich im Berlin-Brandenburger Raum mit seinem überproportional hohen Anteil an Angehörigen des Herrschaftsapparates wirtschaftlich belebend aus.

Mit den 60er Jahren stellte sich insgesamt betrachtet ein begrenzter ökonomischer Erfolg ein. Das alte Sorgenkind, die Landwirtschaft, wurde nun überwiegend vom Genossenschaftswesen bestimmt. Über 90 Prozent der agrarischen Nutzflächen wurden von LPGs bearbeitet, die nun in fast jedem Dorf anzutreffen waren. Waren diese besonders erfolgreich, wurde der Ort mit staatlichen Wohnungsbauprogrammen belohnt. Allerdings gab es im Oderbruch oder dem Berliner Umland auch Dörfer mit einer beträchtlichen Zahl von Kleinbauern, die vor allem Obst und Gemüse produzierten.

Im Bereich der Industrie verstärkte sich der Trend zu Großbetrieben, während der privat organisierte Sektor in seiner Bedeutung massiv zurückging. Mit dem weiteren Aufbau industrieller Zentren waren auch starke Wanderungsbewegungen vom Land in die Stadt verbunden. Im Bezirk Potsdam ging der Anteil der in der Landwirtschaft Tätigen von 31 Prozent auf 18 Prozent zurück. Dies veränderte die Siedlungsstruktur. So verringerte sich bis 1971 im Bezirk Cottbus der Bevölkerungsanteil in Gemeinden unter 5000 Einwohnern massiv, während die Einwohnerzahlen in Städten mit über 20 000 Einwohnern kräftig anstiegen.

In einigen Städten zeigte sich dieser sozio-ökonomische Wandel besonders eindrucksvoll. So verdoppelte sich innerhalb eines Jahrzehntes die Einwohnerzahl des einstigen Dorfes Premnitz bei Rathenow auf etwa 12 000. Bereits 1956 beschäftigte das dortige Chemiewerk rund 6000 Arbeitnehmer. Lübbenau verzeichnete zwischen 1950 und 1971 einen Zuwachs von 6000 auf 21 000 Einwohner. Nicht weniger eindrucksvoll waren die Veränderungen in Eisenhüttenstadt und Schwedt. Wohnten hier, im ehemaligen Fürstenberg, im Jahre 1939 ca. 6800 Menschen, so wuchs deren Anzahl bis 1964 auf 36 500 und bis 1970 gar auf 45 000. Ähnlich stattlich war der Anstieg der Einwohnerzahlen in Schwedt. Das Oderstädtchen bevölkerten 1950 etwa 6500 Menschen. 1964 waren es dagegen schon knapp 20 000, 1980 bereits über 50 000. Diese Zuwachsraten beruhten auf Wanderungsgewinnen aus dem kleinstädtischen bzw. dem ländlichen Raum. Sie sorgten dafür, daß sich in diesen einst von der Landwirtschaft dominierten Regionen der Urbanisierungsgrad deutlich erhöhte.

Daher verbergen sich hinter diesen abstrakten Zahlen auch gewaltige städtebauliche Herausforderungen. Die Partei konnte sie jetzt erfolgreich angehen, weil der technische Fortschritt neue Möglichkeiten eröffnete. Es war die Zeit, in der man sozialistische Wohnungsbau-Konzepte in großem Stil zu verwirklichen hoffte, um der neuen Gesellschaft ein angemessenes Gesicht zu geben.

Die industrielle Fertigung von Bauelementen ließ in Frankfurt/Oder, Potsdam und Schwedt, aber auch anderen Orten, gewaltige Wohnblöcke und Siedlungen stadtnah auf der grünen Wiese erstehen, in denen die sozialistische Gesellschaft in ihrer ganzen sozialen Breite Tür an Tür wohnte. Arbeit und Wohnen, Schule und Krippenversorgung waren so verzahnt, daß es im Alltag zu keinen raumbedingten Erschwernissen für die Bevölkerung kam. Dies schuf die Voraussetzungen für eine weitgehende Vollbeschäftigung von Mann und Frau, die allein auf Grund der demographischen Gegebenheiten nach wie vor unverzichtbar war.

Damit ging der Aufbau großer, in sich abgeschlossener und nicht auf Zulieferbetriebe angewiesener industrieller Komplexe einher. In den 70er Jahren kulminierte dieser Prozeß in der Einrichtung der Kombinate. Sie sogen die Arbeitskräfte der Neustädte praktisch vollständig auf. So hatte sich in Premnitz aus ehemaligen Rüstungsbetrieben im Laufe der Jahre ein Chemiefaser-Kombinat entwickelt. Im ehemals agrarisch geprägten Fürstenberg entstand mit sowjetischer Hilfe der VEB (Volkseigene Betrieb) Bandstahlkombinat, der um 1970 bereits 8000 Beschäftigte zählte. Er war auf die Zulieferung von Rohstoffen aus Polen und Rußland angewiesen. Die industrielle Prägung des Raumes wurde noch verstärkt durch den seit 1959 im Aufbau befindlichen VEB Halbleiterkombinat in Frankfurt/Oder.

Nicht weniger eindrucksvoll verlief die Entwicklung im einstigen Residenzstädtchen Schwedt. Die dortige alte Schloßruine, die wie in Potsdam noch an die Herrschaft der Hohenzollern erinnerte, wurde auf Wunsch der Parteioberen gesprengt. Dies konnte man auch als ein Zeichen des Aufbruchs in eine sozialistische Zukunft sehen. Dort wurden durch den Aufbau des VEB Petrolchemisches Kombinat und des VEB Papierfabrik Schwedt die wesentlichen Beschäftigungsgrundlagen für die Bevölkerung gelegt. Auch hier setzte die massive Industrialisierung in den Jahren 1958/59 ein. Aus Rußland kommend endete eine Erdölleitung in Schwedt. Dort wurden beinahe 50 Prozent sämtlicher Kraftstoffe der DDR erzeugt.

Eine ähnlich wichtige Stellung nahm der Bezirk Cottbus als kohlefördernder Bezirk für die DDR ein. Er wurde planmäßig zum Kohle- und Energiezentrum der DDR ausgebaut. Im Bereich der Grundstoffindustrie waren über 60 000 Menschen tätig. Auf dem Gebiet der Braunkohleveredlung kam dem Gaskombinat Schwarze Pumpe die führende Rolle zu. Die Elektro-Energiegewinnung wurde einerseits an alten Standorten wie Lauta und Trattendorf betrieben, andererseits wurden in Lübbenau, Vetschau und Jänschwalde neue Hochdruckkraftwerke errichtet. Dank der vorhandenen Rohstoffgrundlagen behielt in diesem Großraum außerdem die Glasindustrie ihr wirtschaftliches Gewicht. Sie zählte an mehreren Standorten über 8000 Beschäftigte.

Ein anderer Weg zur sozialistischen Stadt wurde in Potsdam eingeschlagen. Um 1970 waren von seinen ca. 110 000 Einwohnern knapp 20 Prozent Umsiedler gewesen. Dies beschreibt al-

lerdings nicht ausreichend den erheblichen Bevölkerungsaus-
tausch, den diese Stadt nach 1945 durchlief. Beamte, Pensionäre
und Militärs, die dem Deutschland der Vorkriegszeit verbunden
gewesen waren, hatten Potsdam verlassen oder verlassen müssen. Zur Grenze nach Westberlin hatte man ganze Viertel geräumt. An ihre Stelle waren im Laufe der Jahre neue Bewohner
aus dem gesamten Land getreten, die seit den späten 50er Jahren in einer wachsenden Industrie und dem Staatsapparat Arbeit fanden.

Ein enger Verbund der Standorte Babelsberg, Teltow und
Ludwigsfelde sorgte für einen kräftigen Industrialisierungs-
schub auf dem Gebiet der Elektro- und Klimatechnik sowie
Elektronik. Eine Besonderheit Potsdams stellte seine überproportional hohe Anzahl wissenschaftlicher und kultureller Einrichtungen dar.

Darüber ist jedoch nicht zu vergessen, daß in Potsdam wie
auch in anderen Bezirkshauptstädten der Staatsapparat einen
maßgeblichen Beschäftigungssektor bildete, was jedoch in keiner veröffentlichten Statistik je auftauchte. Militär, Staatssicherheit, Polizei, Räten, Parteiapparat und Massenorganisationen
gehörten deutlich über 10 000 Personen an. Außerdem lebten in
der Stadt noch über 20 000 Angehörige der sowjetischen Streitkräfte.

Dementsprechend stieß auch der kontinuierliche Umbau der
Stadt zu einem sozialistischen Zentrum nur auf verhaltenen Wi-
derspruch in der Bevölkerung. Der allergrößte Teil der Neubürger in den entstehenden Stadtrandsiedlungen fühlte sich nicht
dem preußischen Erbe verpflichtet, sondern der neuen Gesellschaftsordnung. Trotzdem wurden immer wieder Anstrengungen unternommen, das barocke Potsdam als historisches En-
semble zu bewahren, wenn auch in reduzierter Form.

Der Park von Sanssouci mit seinen herrschaftlichen Bauten
blieb auch im Sozialismus ein wichtiger touristischer Anzie-
hungspunkt. Daher wurde in dessen Umfeld der allmähliche
Verfall alter Bausubstanz nicht durch Abrißarbeiten beschleu-
nigt. Dennoch war die Potsdamer Stadtsilhouette fortan nicht
mehr von Kirchenbauten und anderen historischen Gebäuden

geprägt; vielmehr umstellten moderne Hochbauten gleichsam zeichenhaft die vom Zahn der Zeit bedrohten Reste der historischen Mitte und schienen der Stadt ein auf die Zukunft gerichtetes Aussehen zu verleihen.

Die massiven Investitionen in den Wohnungsbau der städtischen Zentren, aber auch in diejenigen Dörfer, die über große LPG's verfügten, gingen zu Lasten der Altbausubstanz im Lande, die der Sanierung dringend bedurft hätte. Städte wie Brandenburg/Havel, Frankfurt und Cottbus, aber auch zahlreiche Klein- und Mittelstädte mit umfangreichen Altbaubeständen wie Treuenbrietzen, Wittstock oder Belzig verfielen zusehends. Daran änderte auch nichts, daß einzelne Plätze und Häuserzeilen wie etwa in Cottbus mit Sorgfalt restauriert wurden.

Auf dem Lande gingen zahlreiche als Kindergärten, Schulen, LPG-Verwaltungen oder auch als Wohnhäuser genutzte Gutsanlagen und Herrenhäuser einem ungewissen Schicksal entgegen. Alte Gartenanlagen erwiesen sich als bestens geeignet, um der Jugend künftig als Sportplätze zu dienen. Am historischen Erbe, das nicht nur für viele der Führungskader vornehmlich im Zeichen Preußens, weniger Brandenburgs, stand, zeigte man öffentlich lange Zeit kein sonderliches Interesse.

Dies spiegelte sich auch in der Museumslandschaft der drei Bezirke Frankfurt, Cottbus und Potsdam wider. Die Lokalgeschichte in sozialhistorischer Perspektive dominierte, während die umgebende Landschaft abgesehen von der Naturgeschichte keine nennenswerte Rolle spielte. Allenfalls wurde auf sie die allgemeine Geschichte in Form eines Ablaufes von Klassenkämpfen übertragen.

Aus der Binnenperspektive betrachtet hatten sich in den vierzig DDR-Jahren trotz erheblicher Anlaufschwierigkeiten die drei aus der Provinz Brandenburg entstandenen Bezirke respektabel entwickelt. Auf dem Gebiet der Energie- und Brennstoffindustrie, weniger der metallurgischen und der chemischen Industrie, nahm man eine Spitzenstellung innerhalb der DDR ein. Insbesondere die beiden in der Vergangenheit von der Landwirtschaft geprägten Bezirke Frankfurt und Potsdam hatten sich partiell in moderne Industrieregionen verwandelt, die allerdings nicht untereinander vernetzt waren. Im Gegenteil, diese Gebiete waren teilweise durch Monostrukturen bestimmt.

Nicht nur dies sollte sich als eine schwere Hypothek für die weitere Zukunft erweisen. Noch gravierender war, daß man lange Zeit die sozialen Kosten des ökonomischen Aufschwungs völlig außer Acht gelassen hatte. In der Landwirtschaft war man vor allem im Bereich der Tierproduktion aus Kostengründen zu immer größeren Betrieben übergegangen, die ihrer Abfälle nicht mehr Herr wurden, was zu einer Überdüngung weiter Landstriche führte. Zusammen mit der chemischen Industrie belasteten sie das Gewässersystem stark. Die Hochdruckkraftwerke zur Elektrizitätsgewinnung in der Lausitz verfügten über keine Anlagen zur Reduzierung der Schwefeldioxid- und Stickoxidemissionen. Der Braunkohleabbau hatte große Gebiete in der Lausitz ökologisch verheert.

Damit nicht genug, baute sich auch von außen massiver Druck auf, dem die sozialistische Wirtschaftsordnung nichts entgegenzusetzen hatte. Das sowjetische Herrschafts- und Wirtschaftsgefüge, in das auch die brandenburgische Industrielandschaft fest eingefügt war, geriet in den 8oer Jahren auch durch die weltpolitischen Konstellationen immer mehr und heftiger ins Wanken. Dem konnte sich die DDR als Ganze auf Dauer nicht entziehen. Die wirtschaftliche Leistungsfähigkeit und die Erträge begannen massiv zu sinken, ohne daß dies für die große Mehrzahl der Betroffenen direkt erkennbar gewesen wäre.

Versorgungsengpässe im Konsumbereich kamen unweigerlich hinzu. Äußeres Zeichen einer sich am Horizont abzeichnenden Mangelwirtschaft waren für die Bürger seit längerem die Delikat- und Exquisit-Geschäfte. Dort gab es – wie einst – zu ungewöhnlich hohen Preisen begehrte Konsumwaren, aber auch der wachsende Andrang von Einheimischen in den Intershop-Läden, die eigentlich den mit Devisen bezahlenden Touristen vorbehalten sein sollten, deutete auf eklatante Versorgungsengpässe hin.

Die DM hatte sich längst zu einer wichtigen Zweitwährung entwickelt, die oft allein das Unmögliche, ob bei der Warenbeschaffung oder im Dienstleistungssektor, möglich machte. Daraus resultierte aber auch Unzufriedenheit. Denn viele, etwa im Staatsapparat, konnten nicht in den Besitz der begehrten Währung gelangen.

Die entscheidenden politischen Anstöße für den Untergang der DDR kamen jedoch von außen. Der Sowjetunion fehlte die Kraft – und unter Gorbatschow auch der Wille –, ihr Imperium zu verteidigen. Polen hatte seit jeher kritische Akzente gesetzt und den Zweifel am sozialistischen System genährt. Die Öffnung der Grenze zum Westen in Ungarn bildete nur das letzte und auffälligste Glied in einer Kette von Ereignissen, die das Regiment der alten Männer in der SED bis ins Mark erschütterten.

Verglichen mit den Protesten in Leipzig und Berlin, die für die DDR insgesamt Signalwirkung hatten, blieb es in den drei Bezirken wie im gesamten Nordosten relativ ruhig. Doch auch hier gab es Menschen, die ihre Stimme zum Protest erhoben.

Allerdings fiel es landesweit betrachtet nicht so stark ins Gewicht, wenn sich etwa in Potsdam am Nauener Tor in der Nähe der großen Verwaltungsgebäude der Staatssicherheit Menschen protestierend versammelten. Fairerweise sollte man nochmals daran erinnern, daß vor allem in den Bezirken Potsdam und Frankfurt der Staatsapparat in all seinen Filiationen als ein Arbeitgeber ein sehr großes Gewicht besaß. Dies wird dazu beigetragen haben, daß man die Situation weniger aktiv, aber durchaus aufmerksam verfolgte.

Relativ leise, geradezu unspektakulär ging in den Monaten nach dem Herbst 1989 vielerorts die allmähliche Transformation des Gemeinwesens über die Bühne. Sämtliche Versuche der SED, sich diesem Prozeß noch entgegenzustemmen, verpufften. Nach bundesdeutschem Muster wurden im Winter 1989/90 demokratische Parteien im Lande gegründet. An lokalen Runden Tischen wurde lebhaft über Verfahrensfragen und kommunale Wahlergebnisse debattiert, während die Wirtschaftsbetriebe – zunehmend in freiem Fall – in den ökonomischen Abgrund stürzten. Für das soziale Klima verschärfend kam hinzu, daß Teile des Staatsapparates, die Funktionäre der Massenorganisationen und der bewaffnete Arm der Partei kommender Arbeitslosigkeit entgegensahen.

Seit Dezember 1989 gab es auf höchster politischer Ebene intensive Beratungen über die künftige politische Struktur der DDR. Vertreter der drei Bezirke Potsdam, Frankfurt und Cottbus äußerten dabei frühzeitig den Wunsch, ein Land Brandenburg wiederzubegründen. Die im März 1990 gewählte Volkskammer machte mit einem Beschluß vom 17. Mai den Weg für eine solche Lösung frei. Währenddessen waren die Räte der Bezirke schon damit beschäftigt, ihre Dienststellen so weit als möglich in eine künftige Landesverwaltung zu überführen.

## 7. Neugründung des Landes Brandenburg. Ein Ausblick

Zum dritten Mal in diesem Jahrhundert mußten die Brandenburger nun eine grundlegende Veränderung ihrer Lebensverhältnisse erfahren und sich auf ein neues soziales, ökonomisches und politisches Wertesystem einstellen. Erneut waren mit dem Wandel sehr unterschiedliche Erwartungen verknüpft. Allerdings sollte man auch hier die Bedeutung des politischen Systemwechsels für die Bewußtseinslage der Menschen nicht überbewerten. Viele, die sich von der politischen Wende einen unbeschwerten Lebensstil unter deutlich besseren materiellen Bedingungen erhofft hatten, wurden enttäuscht. Wieder andere sahen, daß ihre relativ sicher geglaubten Lebensplanungen, die in sogenannten Kaderplänen bereits ihre Ausformung gefunden hatten, zerstört waren. Darüber sollte die ideelle und politische Wertschätzung des Wandels rascher in den Hintergrund treten, als es mancher westliche Beobachter erwartet hatte.

Natürlich gab es auch sichtbare und greifbare Erfolge. Dazu zählt gewiß der bis zum 9. September 1994 erfolgte Rückzug der sowjetischen Streitkräfte aus Brandenburg und Deutschland. Wer hätte sich ein Jahrzehnt zuvor vorzustellen vermocht, daß dies einmal friedlich geschehen könnte. Sie ließen nur eine Vielzahl über das ganze Land verstreuter maroder und völlig verschmutzter Anlagen und Übungsplätze zurück, die jahrzehntewährende kostspielige Sanierungsarbeiten erforderlich machen sollten.

Überall begann man in den 90er Jahren mit der Erneuerung und dem Ausbau der maroden Infrastruktur. Eine Spur des Neuen zog sich nach und nach bis in die kleinsten Dörfer. Der Zustand der Straßen, die sie befahrenden Autos, der öffentliche Nahverkehr, die Telefonleitungen und kräftige Hausfarben sowie Neubauten aus Stahl und Glas markierten unübersehbar den Bruch mit den alten Verhältnissen.

Aber die Bilanz dieser Jahre kennt auch andere Seiten, die sich trotz gewaltiger materieller Aufwendungen der westdeutschen Gesellschaft in ihrer sozialen Bedeutsamkeit nicht abmildern ließen. So waren 1991 in 1056 Betrieben des Bergbaues und des weiterverarbeitenden Gewerbes im Land Brandenburg noch 265 872 Personen beschäftigt, die einen Gesamtumsatz in Höhe von etwa 19 Milliarden DM erwirtschafteten. Zwölf Jahre später war der Umsatz auf knapp 17 Milliarden DM gesunken, aber in den 1129 brandenburgischen Betrieben fanden nur noch 86 858 Menschen Arbeit.

Der gewerbliche Arbeitsplatz war zu einem raren Gut geworden. Über Jahre sollten durch ein Arbeitsförderungsgesetz geschaffene Beschäftigungsverhältnisse sowie Umschulungen den Verlust von ca. 50 Prozent aller gewerblichen Arbeitsplätze von 1989 verdecken. Besonders betroffen waren von diesen Veränderungen Frauen, die in Brandenburg mit seiner landwirtschaftlichen Prägung bereits seit fast einem Jahrhundert bereits relativ stark in den Arbeitsprozeß eingebunden gewesen waren.

Auch ein Blick auf die erfolgreiche Tätigkeit etwa der Potsdamer Industrie- und Handelskammer täuscht. Ihre Mitgliederzahlen stiegen zwischen 1990 und 1997 kräftig an, und die Zahl der Industriebetriebe vergrößert sich um 150 Prozent. Auch die Handelsunternehmungen zeigten zumindest numerisch betrachtet eine deutliche Aufwärtsbewegung, während sich der kräftige Aufschwung am Bau schon nach wenigen Jahren als eine Scheinblüte erweisen sollte. Mit diesen Gründungen war nämlich keine wachsende Beschäftigung verbunden gewesen, sondern lediglich eine Umstrukturierung der Besitzverhältnisse hin zu kleinen und kleinsten Betriebsgrößen.

Seit 1990 wurden bekanntlich die planwirtschaftlichen Strukturen umgebaut und privatisiert. In bisher nicht gekanntem Umfang wurden Firmengut und Liegenschaften aller Art verkauft und an Alteigentümer zurückgegeben, was vielerorts über längere Zeit für lähmende Rechtsunsicherheit und endlose Konflikte sorgte, die wohl erst spätere Generationen mit der erforderlichen Distanz werden aufklären und bewerten können.

Ähnliches gilt für die Landwirtschaft. Nach amtlichen Schätzungen hatten in diesem Bereich bis 1989 insgesamt knapp 180 000 Personen eine Beschäftigung gefunden. Sie verteilten sich auf rund 1100 landwirtschaftliche Produktionsgenossenschaften und volkseigene Güter. Aus ihnen wurden binnen weniger Jahre ca. 5000 Betriebe unterschiedlicher Rechtsform gebildet, die aber nur noch etwa 70 000 Menschen eine wirtschaftliche Existenzgrundlage boten.

Auch der öffentliche Sektor hatte mit erheblichen Erschütterungen zu kämpfen. Zuvor hatten Parteiapparat, Verwaltung, Wissenschaft und Schule sowie ein personalintensiver Sicherheitsbereich in erheblichem Umfang für landesweite Beschäftigung gesorgt. Insbesondere letzterer wurde rasch abgebaut. Dies wirkte sich in sämtlichen Städten, die wie Potsdam, Frankfurt/Oder oder Strausberg zentrale Funktionen des sozialistischen Staates erfüllt hatten, erheblich aus. Beruflicher Perspektivlosigkeit und dem Verlust über Jahrzehnte gewachsener ideologischer Orientierung ließ sich mit dem Maßnahmenkatalog der Nürnberger Bundesanstalt für Arbeit kaum wirkungsvoll entgegentreten.

Sehr deutlich läßt sich der durch Neuorganisation verursachte Rückgang an Arbeitsplätzen in den Kommunen beobachten. So gab es 1991 in Brandenburg noch 1594 öffentliche Bibliotheken, d.h. eine Versorgung, die bis in die größeren Dörfer reichte. Sie wurden großenteils geschlossen. Die Zahl der kommunalen Beschäftigten halbierte sich binnen eines Jahrzehntes, während die Landesverwaltung nur geringfügig verringert wurde.

Landesregierung und Ministerien, Landesoberbehörden sowie die unteren Landesbehörden in Cottbus und Frankfurt und 38 Kreisverwaltungen, die 1993 in 12 Großkreisen zusammengefaßt wurden, hatten dagegen erheblichen Personalbedarf. Die Beschäftigung im Landesdienst stabilisierte sich auf einem sehr hohen Niveau. So zählte dieser 1992 ca. 73 700 Beschäftigte, im Jahre 2003 gehörten ihm ca. 69 700 Personen an.

Wie wenig entgegen mancher Aussagen im politischen Raum historische Traditionen noch galten, verdeutlichte in Brandenburg die Neuordnung der Kreise, die ohne Bürgerbeteiligung vollzogen wurde. Sie setzte unter Beibehaltung der Landesbezeichnung die 1815 begonnene und 1952 fortgesetzte Zerschlagung der alten Raumstrukturen zugunsten rein administrativer Einheiten fort. Äußerlich fand dieser Akt mangelnden Geschichtsbewußtseins seinen Ausdruck in der Schöpfung charakterarmer Doppelnamen für die Großkreise.

Das neue Land Brandenburg hatte bekanntlich durch die Einbindung großer Teile des Bezirkes Cottbus nochmals an Fläche und Einwohnern hinzugewonnen. Im Süden waren weitere sächsisch geprägte Gebiete um Herzberg, Bad Liebenwerda und südlich von Senftenberg aus kommunalpolitischen Erwägungen dazugekommen. Allein die Vertretung der Sorben hatte 1990 – allerdings vergeblich – gefordert, ihre Siedlungsgebiete geschlossen dem künftigen Bundesland Sachsen anzugliedern.

In diesem Jahr wurde auch ein erster Landtag gewählt, zu dessen wichtigster Aufgabe die Verabschiedung einer neuen Landesverfassung zählte. Außerdem wurden die parlamentarischen Weichen gestellt, den politischen Raum im Nordosten durch eine Fusion der Länder Berlin und Brandenburg neu zu gestalten. Ihre territoriale Trennung, die seit beinahe 200 Jahren bestanden hatte, sollte überwunden werden.

Dieser Plan scheiterte aber am Widerstand der Brandenburger. Über 60 Prozent von ihnen votierten 1996 in einem Volksentscheid gegen die von den beiden Regierungen angestrebte Länderehe. Die von zahlreichen Politikern ins Feld geführten

Vorteile einer Fusion überzeugten die Bürger nicht. Zu tief saß das Mißtrauen der Brandenburger, die Schulden des anderen tragen zu müssen bzw. übervorteilt zu werden – eine Befürchtung, die vor dem Hintergrund der von uns geschilderten Beziehungen zwischen Residenz- und Industriestadt auf der einen und agrarisch-mittelstädtischer Provinz auf der anderen Seite auch nicht völlig aus der Luft gegriffen war.

Große Teile der Peripherie Brandenburgs verbindet nämlich bis heute wenig mit Berlin und seinem sogenannten Speckgürtel, der sich inzwischen noch weiter bis an die Ränder des Berliner Autobahnrings und gelegentlich auch schon darüber hinaus ausgedehnt hat. Allein dort lassen sich – wie bereits zwischen 1850 und 1920 an den Grenzen des Altberliner Weichbildes – auch heute wieder diejenigen Synergien und Wachstumskräfte finden, die für jene Fusionierung sprechen würden. Der ferne Uckermärker, Prignitzer und Lausitzer oder auch der Sachse in Mühlberg an der Elbe und Elsterwerda wird dagegen für solche Überlegungen kaum aufgeschlossen sein. Weder wirtschaftliche Argumente noch der vage Hinweis auf eine gemeinsame historische Vergangenheit sind für ihn überzeugend. Es fehlt an Orten gemeinsamer Erinnerung und Interessen.

Schließlich hat der Mythos einer Berliner Zentrallandschaft viel von seinem alten Glanz verloren. Das preußische Hinterland und seine auf Berlin fixierte ländliche Elite sind weggebrochen. Insoweit hat das heutige Brandenburg nur wenig mit der preußischen Provinz dieses Namens gemein. Die einseitige Orientierung auf ein politisches und kulturelles Zentrum gehört in einem föderalen Staatsgebilde tendenziell der Vergangenheit an. Die Zeiten sind vorüber, als Hauptstadt-Bildungen vom gesamten Staatsgebiet und seinen Bewohnern klaglos getragen wurden.

Feuilletonistischer Jubel über hauptstädtische Eventkultur kann nicht über die tiefgreifenden sozialen und ökonomischen Folgelasten der Deindustrialisierung Berlins hinwegtäuschen. Sie zog eine der höchsten bundesdeutschen Quoten an Sozialhilfe-Empfängern nach sich, ohne daß derzeit wirkliche Besserung in Sicht ist. Der Brandenburger Bürger sieht dies nur mit Sorge.

Die vielbeschworene Hoffnung auf eine besondere Rolle Berlins als Drehscheibe und Motor im Ost-West-Handel ist längst verflogen und einer nüchternen Sichtweise der Möglichkeiten gewichen. Der Lockruf der Berliner Kultur- und Wissenschaftslandschaft dagegen findet nicht in allen gesellschaftlichen Milieus die gleiche Aufmerksamkeit.

Dennoch spricht aus pragmatischen Überlegungen, die vor allem eine tatsächliche Senkung der Kosten des öffentlichen Sektors zum Gegenstand haben, vieles für eine künftige Länderehe. Anders als in der Vergangenheit sollte sie diesmal allerdings die Brandenburger auch an den Vorteilen und nicht nur an den Kosten einer Fusion beteiligen.

# Literaturhinweise

Brandenburg in der NS-Zeit. Studien und Dokumente, hg. von Dietrich Eichholtz, Berlin 1993.

Brandenburgische Geschichte, hg. von Ingo Materna, Wolfgang Ribbe, Berlin 1995.

Brandenburgisches Biographisches Lexikon-BBL, hg. von Friedrich Beck, Eckart Henning, Potsdam 2002.

Enders, Lieselott, Die Uckermark. Geschichte einer kurmärkischen Landschaft vom 12. bis zum 18. Jahrhundert, Weimar 1992.

Dies., Die Prignitz. Geschichte einer kurmärkischen Landschaft vom 12. bis zum 18. Jahrhundert, Potsdam 2000.

Dies., Die Altmark. Geschichte einer kurmärkischen Landschaft in der Frühneuzeit (Ende des 15. bis Anfang des 19. Jahrhunderts), Berlin 2008.

Geschichte der Brandenburgischen Landtage. Von den Anfängen 1823 bis in die Gegenwart, hg. von Kurt Adamy, Kristina Hübener, Potsdam 1998.

Hahn, Peter-Michael/Helmut Lorenz (Hgg.), Herrenhäuser in Brandenburg und in der Niederlausitz, 2 Bde., Berlin 2000.

Handbuch der Historischen Stätten Deutschlands. Bd. X: Berlin und Brandenburg, hg. von Gerd Heinrich, 3. Aufl. Stuttgart 1995.

Heinrich, Gerd (Hg.), Tausend Jahre Kirche in Berlin-Brandenburg, Berlin 1999.

Neitmann, Klaus (Hg.), Das brandenburgische Städtewesen im Übergang zur Moderne. Stadtbürgertum, kommunale Selbstverwaltung und Standortfaktoren vom preußischen Absolutismus bis zur Weimarer Republik, Berlin 2001.

Schultze, Johannes, Die Mark Brandenburg, 5 Bde., Berlin 1961–1969.

Stätten und Denkmale der Geschichte in den Bezirken Potsdam, Frankfurt (Oder), hg. von Lutz Heydick, Günther Hoppe, Jürgen John, Berlin 1987.

# Register

Albrecht (der Bär), Markgraf von Brandenburg 13–15, 17
Albrecht von Brandenburg, Erzbischof von Magdeburg und Mainz, Kardinal 46
Albrecht I. von Habsburg, König 24
Alexis, Willibald 33, 89
Alvensleben, Familie von 22
Anna von Preußen 50
Arnim, Familie von 36
Arnstein, Herren von 14
Askanier, Markgrafen von Brandenburg 14, 17 f., 20, 22 f., 26–28

Bartensleben, Familie von 22, 49
Bieberstein, Herren von 78
Bodecker, Stephan, Bischof von Brandenburg 50
Börstell, Familie von 58
Borcke, Familie von 22
Brandenburg, Bischof von 16, 24, 26, 50
Brösicke, Heine 49

Distelmeier, Familie 47

Fontane, Theodor 7, 88f.
Friedrich II. (der Große), König von Preußen 67–69, 76
Friedrich III./I., Kurfürst von Brandenburg/König in Preußen 60–62
Friedrich VI./I., Burggraf von Nürnberg/Markgraf und Kurfürst von Brandenburg 34

Friedrich Wilhelm (Große Kurfürst), Kurfürst von Brandenburg 54, 57
Friedrich Wilhelm I., König in Preußen 61, 65, 67
Friedrich Wilhelm III., König von Preußen 79

Gandino, Chiramella di 47
Gans zu Putlitz, Edle Herren 14, 22, 26, 36
Güntersberg, Familie von 22

Habsburg, Familie/Dynastie 67
Hainhofer, Philipp 43
Havelberg, Bischof von 21, 24, 27
Heinrich I., sächsischer Herzog und ostfränkischer König 12
Helmold (Chronist) 15
Hindenburg, Paul von, Reichspräsident 94
Hohenzollern, Burggrafen von Nürnberg, Markgrafen und Kurfürsten von Brandenburg, Könige von Preußen, dt. Kaiser 7, 9, 33–37, 41, 44, 46 f., 50 f., 55, 61, 90, 113

Jaxa von Köpenick 14
Joachim I., Kurfürst von Brandenburg 42, 46
Joachim II., Kurfürst von Brandenburg 42, 44
Joachim Friedrich, Kurfürst von Brandenburg 50
Johann I., Markgraf von Brandenburg 17f.

Johann Cicero, Kurfürst von Bran-
denburg 44
Johann Sigismund, Kurfürst von
Brandenburg 50 f.

Karl IV, König/Kaiser 27–29, 32, 33
Klitzing, Familie von 49

Lausitz, Markgraf von 17
Lebus, Bischof von 24, 50
Lochow, Familie von 49
Lothar III., Kaiser 13
Ludwig (der Bayer), König/Kaiser
23 f.
Ludwig, Markgraf von Branden-
burg 23, 27
Ludwig XIV., König von Frankreich
56 f., 66
Luxemburger, Familie/Dynastie
31, 33
Lynar, Graf zu 84
Lynar, Rochus Graf zu 47
Lynar, Johann Casimir Graf zu 47
Lynar, Elisabeth Gräfin zu 47

Magdeburg, Erzbischof von 17
Mansfeld, Ernst von 53
Marwitz, Friedrich Ludwig August
von der 77
Maximilian I., König/Kaiser 41
Mecklenburg, Herzog von 17, 26
Münchhausen, Herren von 49

Napoleon 71 f., 76

Otto I., Markgraf von Brandenburg
13, 15 f.
Otto III., Markgraf von Brandenburg 17 f.
Otto IV., Markgraf von Brandenburg 26

Petzold, Daniel 63
Plotho, Herren von 14
Polen, König von 35, 51
Pribislaw-Heinrich, Hevellerfürst
13 f.
Promnitz, Herren von 78

Quitzow, Familie von 33 f.

Rochow, Familie von 22, 65
Rohr, Familie von 36
Rohr, Kurt von 48
Rudolf I., Herzog von Sachsen 26
Rudolf I. von Habsburg, König
24
Rudolf II. von Habsburg, Herzog
von Österreich und Steiermark
24
Ruppin, Grafen von 24

Scharnhorst, Gerhard von, General
76
Schenk, Hans (genannt Scheusslich)
47
Schulenburg, Familie von der 22
Schwarzenberg, Karl Philipp Fürst
von 76
Sigismund, König/Kaiser 33
Solms, Reichsgrafen zu 78 f.
Stein, Heinrich Friedrich Karl
Reichsfreiherr von und zum
72

Thile, Karl Gottfried 65
Thurneisser, Leonhardt 47

Waldemar (der falsche) 28
Wedel, Familie von 22, 26
Wittelsbacher, Herzöge von Bayern,
Markgrafen von Brandenburg
23 f., 27–29, 33

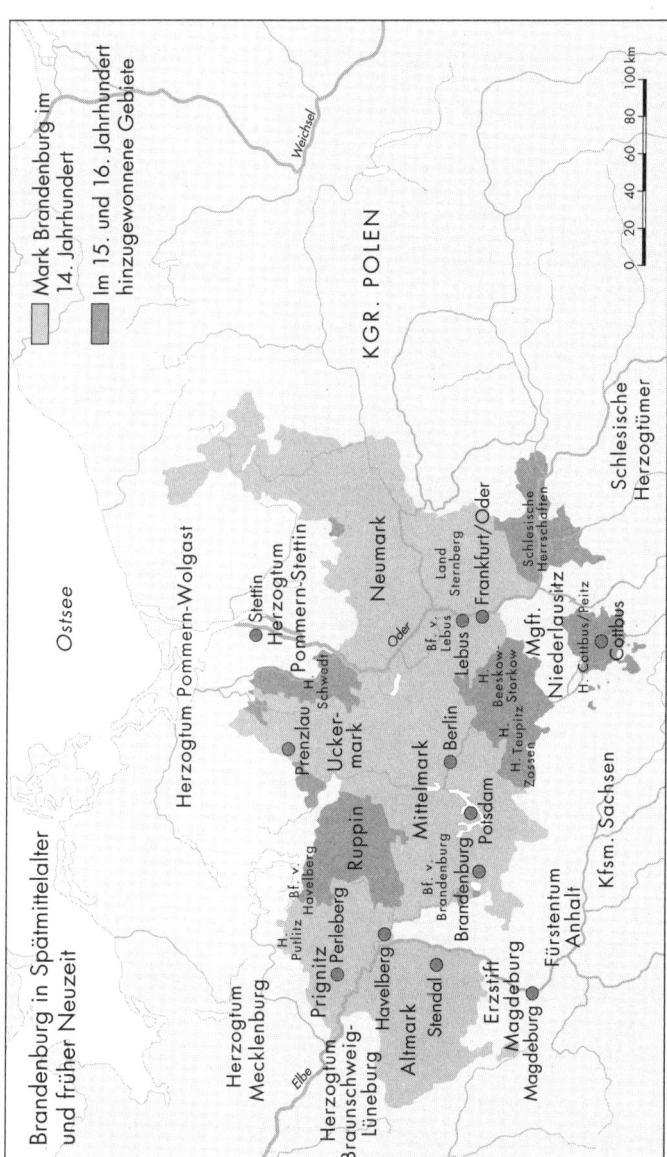

Brandenburg in Spätmittelalter
und früher Neuzeit

Mark Brandenburg im
14. Jahrhundert

Im 15. und 16. Jahrhundert
hinzugewonnene Gebiete

Ostsee

KGR. POLEN

Weichsel

Herzogtum Pommern-Wolgast

Herzogtum
Pommern-Stettin

Stettin

Neumark

Land
Sternberg

Frankfurt/Oder

Schlesische
Herrschaften

Schlesische
Herzogtümer

Bf. v.
Lebus

Lebus

Mgft.
Niederlausitz

H. Cottbus/Peitz

Cottbus

Oder

H.
Schwedt

Prenzlau

Ucker-
mark

Berlin

H.
Beeskow

Herzogtum
Mecklenburg

Ruppin

Mittelmark

Potsdam

H.
Teupitz Storkow

Zossen

Bf. v.
Havelberg

H.
Putlitz Perleberg

Prignitz

Bf. v.
Brandenburg

Brandenburg

Herzogtum
Braunschweig-
Lüneburg

Havelberg

Altmark

Stendal

Erzstift
Magdeburg

Fürstentum
Anhalt

Kfsm. Sachsen

Elbe

Magdeburg

0 20 40 60 80 100 km

Das Bundesland Brandenburg heute

Ostsee

Mecklenburg-Vorpommern

Prenzlau

Perleberg

Neuruppin    Eberswalde

**Polen**

Sachsen-
Anhalt

Oranienburg

Rathenow

Berlin

Seelow

Brandenburg/Havel

Potsdam

Frankfurt/Oder

Belzig   Luckenwalde

Beeskow

Lübben

Cottbus

Forst

Herzberg

Senftenberg

Sachsen

Oder

Elbe

Elbe

–··– Landesgrenze

–·– Grenze der
Bundesländer

Kreisgrenze

ehemalige sächsische
und magdeburgische
Gebiete

Gebiete der ehemaligen
Markgrafschaft Niederlausitz

Gebiete der ehemaligen
Mark Brandenburg